ADRIANI

PAR

GEORGE SAND

2

PARIS
ALEXANDRE CADOT, ÉDITEUR
37, rue Serpente

1854

ADRIANI

Ouvrages du marquis de Foudras.

Un Drame en famille	5 vol.
Un Grand Comédien	3 vol.
Le Chevalier d'Estagnol	6 vol.
Diane et Vénus	4 vol.
Jacques de Brancion	5 vol.
Madame de Miremont	2 vol.
Lord Algernon	4 vol.
La comtesse Alvinzi	2 vol.
Un Capitaine du Beauvoisis	4 vol.
Madeleine repentante	4 vol.
Le Capitaine Lacurée	4 vol.
Les Gentilshommes chasseurs	2 vol.
Suzanne d'Estouville (format Charpentier)	2 vol.
Tristan de Beauregard (idem)	1 vol.
Un Caprice de grande dame (idem)	3 vol.

Sous presse :

Un amour de vieillard	3 vol.
Le dernier roué	5 vol.
Les veillées de Saint-Hubert	2 vol.

Ouvrages de Xavier de Montépin.

Confessions (les) d'un Bohême	5 vol.
Vicomte (le) Raphaël	5 vol.
Les Oiseaux de nuit	3 vol.
Les Chevaliers du lansquenet	10 vol.
Pivoine	2 vol.
Mignonne	3 vol.
Les Viveurs d'autrefois	4 vol.
Le Loup Noir	2 vol.
Un Brelan de dames	4 vol.
Les Valets de cœur	3 vol.
Un Gentilhomme de grand chemin	5 vol.
Les Amours d'un fou	4 vol.

ADRIANI

PAR

GEORGE SAND

2

PARIS
ALEXANDRE CADOT, ÉDITEUR
37, rue Serpente

1854

DEUXIÈME PARTIE

—

CHAPITRE NEUVIÈME

IX

—

Il nous est bien permis de soulever le voile qui couvrait les sentiments intimes de notre héroïne. Mais, pour les faire bien comprendre, il faut retracer brièvement l'histoire de ces mêmes sentiments avant l'époque où Toinette raconta à d'Argères-Adriani les événements de la vie de sa maîtresse.

Quand nous disons notre héroïne, c'est pour rester classique dans cette très simple histoire ; car Laure de Larnac n'était rien moins que ce qu'on entend, en général, par une nature d'héroïne de roman. Elle n'était nullement romanesque, et l'imagination qui jette dans les aventures et dans la vie exceptionnelle n'était pas le moteur de ses volontés et de ses actions.

Elle était cependant poète, en ce sens qu'elle était toute poésie, et Adriani avait trouvé le vrai mot pour la peindre : elle avait l'aspect tranquille et puissant d'une muse rêveuse. Mais sa rêverie perpétuelle, même dans le temps où elle vivait sans douleur, était une sorte d'extase d'amour, une absorption constante dans la plénitude du cœur. Il est des êtres ainsi faits, des êtres extraordinairement intelligents, qui ne sont intelligents que parce qu'ils sont aimants. Constatons-le, au risque de tomber dans l'esprit critique de notre siècle et de disséquer un peu trop l'être humain : le sentiment et la pensée, l'affection, la raison, l'imagination deviennent une seule et même faculté dans leur action sur une âme saine ; mais l'initiative appartient toujours à l'un de ces principes, et, pour parler tout simplement, les plus belles natures, selon nous, sont celles qui commencent par aimer, et qui mettent ensuite leur sagesse et leur poésie d'accord avec leur tendresse.

Laure, intelligente et forte, n'avait pas seulement besoin d'aimer. Enfant, elle avait pleuré sa mère avec un désespoir au-dessus de son âge. L'amitié de son cousin Octave, enfant comme elle, avait été son refuge. Elle l'avait chéri comme si l'esprit de cette mère eût passé en lui. De là une habitude et une nécessité d'aimer Octave qui eurent quelque chose de fatal et auxquelles forces de la puberté ne changèrent et n'ajoutèrent rien de sensible pour elle-même.

Qu'était-ce qu'Octave ? Toinette l'avait dit : un enfant beau et bon, qui aimait autant que cela lui était possible ; mais ce possible pouvait-il se comparer à la puissance de Laure ? Nullement. La vie physique jouait un rôle trop prononcé dans cette organisation de chasseur antique. La divinité pouvait s'éprendre de lui, il l'admirait sans la comprendre. Il était content d'être saisi et enlevé par elle ; mais il restait chasseur. Ce fut la légende d'Adonis que la déesse ravissait la nuit dans ses sanctuaires, mais qui, au lever du jour, retournait aux bêtes des bois : « Et y retourna si bien, comme disent les bonnes gens, qu'il y trouva la mort. »

L'obstination de la préférence dont il fut l'objet s'explique par l'absence. Laure, arrachée à son compagnon d'enfance, en fit un amant dans son âme, dès qu'elle eut compris l'impossibilité sociale de se consacrer à son *frère*, à moins qu'il ne devînt son époux. Elle n'hésita pas un instant, et, jusqu'au jour de l'hyménée, elle ignora que le rôle d'épouse ne fût pas identique à celui de sœur.

Les transports de la passion d'Octave,

suivis d'invincibles accablements d'esprit, eussent dû jeter quelque soudaine clarté dans l'esprit de Laure. Elle ferma instinctivement les yeux, et son exquise chasteté ne comprit jamais que l'amour des sens n'est qu'une des faces de l'amour. Elle crut à une inégalité de caractère qu'elle accepta avec son inaltérable douceur, résultat d'un magnifique équilibre dans sa propre organisation. Mais, peu à peu, elle s'effraya mortellement de ces lacunes dans les soins de son mari. Octave était une espèce de sauvage inculte et *incultivable*. Les talents et l'intelligence de sa femme lui inspiraient un recpect naïf, une vanité de paysan qui écarquille les yeux en voyant sa petite fille lire et écrire : mais il eût vainement essayé de comprendre et de sentir ; il n'essaya point.

Laure n'eut pas le sot amour-propre de s'en trouver blessée. Quand elle le voyait s'endormir auprès de son piano, elle continuait à le contempler et jouait comme sur du velours, ou chantait de la voix d'une mère qui berce son enfant. Si Toinette, qui était imprudemment épilogueuse dans ses jours de gaîté, lui disait : « Hélas ! madame, à quoi bon avoir appris tant de belles choses ? » elle lui répondait avec un sourire d'ange : « Cela sert peut-être à lui donner de jolis rêves ! »

Mais elle voyait bien que l'inaction était le supplice de son jeune mari, et que, faute de pouvoir remplir seulement une heure d'une occupation intellectuelle quelconque, il lui fallait remplir toutes ses journées de mouvement et d'émotions physiques.

Soumis et dévoué d'intention, Octave eût sacrifié ses goûts à la société de sa femme. Il le tenta même dans les premiers jours de leur union, en la voyant étonnée jusqu'à la stupéfaction devant le besoin qu'il éprouvait de la quitter ; mais ce changement d'habitudes le rendait malade. Il devenait bleu quand il n'était pas au grand air, et il n'y en avait pas assez, même dans un jardin, pour nourrir ses vastes poumons. Il lui fallait le vent de la course et le sommet des montagnes.

Le jour où, en le voyant partir aux premiers rayons du soleil, elle lui dit, le cœur serré :

— Je ne te reverrai donc pas avant la nuit ?

Il s'étonna de lui-même, et lui répondit :

— C'est vrai, au fait ! Viens avec moi. Nous ferons une petite chasse tranquille, et nous ne nous quitterons pas.

Pendant une semaine, Laure essaya de le suivre à cheval; mais elle reconnut bientôt que, même en ne lui imposant pas la chasse tranquille, même en supportant de la fatigue et affrontant des dangers, elle le gênait sans qu'il s'en rendît compte. Le vrai chasseur aime à être seul. Ses plus doux moments sont ceux où il quitte ses compagnons et savoure ses périls, ses découvertes, ses ruses, son obstination, son adresse, sans en partager l'émotion. Le chasseur le plus positif goûte un charme particulier dans le mystère des bois, dans l'indépendance absolue de ses mouvements, de ses fantaisies, de ses haltes. C'est son art, c'est sa poésie, à lui.

Laure comprit cela et ne le suivit plus. Octave, que les cris étouffés de sa femme retenaient au bord des abîmes, se sentit soulagé d'un grand poids quand il put s'abandonner de nouveau à sa force, à son adresse et à sa témérité peu communes. Laure ne songea pas seulement à lui adresser un reproche : pourvu qu'il fût heureux, elle ne s'inquiétait pas d'elle-même ; mais elle sentit involontairement l'ennui et la tristesse de l'abandon. Elle combattit cette langueur. Elle cultiva ses talents, elle s'adonna aux soins de l'intérieur, elle s'initia même à ses affaires, qu'Octave n'eût jamais su gouverner. Elle remplit ses journées d'une activité qui eût préservé de la réflexion une tête plus vive, mais qui ne put remplir le vide de son cœur. Il lui eût fallu la présence assidue de l'être aimé. Elle avait passé avec courage loin de lui les années de l'adolescence, aspirant avec une foi naïve à l'avenir qui la réunirait à lui sans distraction, sans partage, sans défaillance de bonheur. Elle avait quitté Paris et le monde avec joie, à l'idée de l'absorber dans le calme des félicités infinies : elle se trouvait vivre en tête-à-tête avec une belle-mère qui l'estimait sans la comprendre et qui l'honorait sans l'aimer. Madame de Monteluz, la mère, était un de ces êtres froids, convenables, honnêtes, qui, par esprit de justice, ne veulent pas troubler violemment le bonheur des autres, mais qui, par insensibilité de caractère, ne peuvent ni l'augmenter ni en adoucir la perte.

Laure était donc accablée d'un malaise moral dont elle ne se rendait pas bien compte à elle-même. Octave ne s'en doutait seulement pas. Il trouvait cette façon de vivre toute naturelle. Il avait été élevé par sa mère dans l'idée que les hommes ne doivent pas encombrer la maison, et que les femmes aiment à se livrer aux soins domestiques sans subir le contrôle de ces désœuvrés. Il faisait comme avait fait son pere : il vivait dehors pour ne pas gêner les femmes, et il ne pouvait se défendre de les trouver gênantes à la promenade. Quand il ne chassait pas avec la rage d'un Indien, il pêchait avec la patience d'un Chinois. Il avait des chevaux à dresser, à panser, à contempler; de grands abattis d'arbres à surveiller, opérations dont le bruit et le désordre étaient pour lui un spectacle et une musique en harmonie avec la rudesse de ses organes. Au retour de ces agitations, il adorait sa femme; mais il n'avait pas une idée à échanger avec elle. Il fallait manger et dormir, deux grandes opérations dans l'existence d'un homme si robuste. Les courts élans de sa passion, qui était pourtant réelle, ne se traduisaient par aucune délicatesse. C'était de la passion physique dans l'amitié. La tendresse et l'enthousiasme lui étaient également inconnus.

Ces deux époux ne vécurent pas assez longtemps ensemble pour que la femme arrivât à se dire qu'elle était malheureuse. Peut-être ne se le fût-elle jamais dit : sa puissance d'abnégation, son instinct de fidélité lui eussent fait accepter l'éternel veuvage d'un époux vivant. Quand ce deuil devint celui d'un mort, elle ne se souvint pas de déceptions qu'elle ne s'était point encore avouées; mais un fait subsista dans son passé : c'est qu'elle n'avait connu ni l'amour ni le bonheur, et qu'elle pleura naïvement des biens qu'elle n'avait jamais possédés.

L'amour d'Adriani lui apportait donc tout un monde de révélations qu'elle n'avait pas pressenties. Par lui, elle pouvait être initiée à sa propre énergie qu'elle ignorait, et qui avait toujours été refoulée en elle par la crainte de faire souffrir Octave. Quand Octave l'avait vue triste, il s'était affecté et effrayé jusqu'à en avoir des attaques de nerfs, mais sans comprendre comment il avait pu être la cause de sa tristesse. C'est Laure qui avait dû le rassurer, le consoler, l'égayer et le presser de retourner à ses forêts et à ses étangs.

Adriani ne s'était pas senti inquiet du passé de Laure. Quelques mots échappés à Toinette avait suffi pour lui ôter tout sentiment de jalousie à propos de l'époux regretté. Il comprenait fort bien qu'il ne lui serait pas diffficile d'aimer mieux et de donner plus de bonheur; mais il fallait que Laure consentît à le mettre à l'épreuve, et là se rencontra une résistance qu'il n'avait pas prévue si énergique dans une âme si éprouvée et si fatiguée.

Nous croyons pouvoir affirmer cependant que ce désespoir de veuve, si réel et profond que, par moments, il avait engourdi et menacé de détruire chez Laure la raison ou la vie, ne prenait pas sa source dans un regret des jours de son mariage. Ce qu'elle croyait regretter, c'était bien le beau et bon jeune homme à qui elle s'était dévouée ; mais ce qu'elle regrettait effectivement, c'était le temps de ses propres aspirations, de ses propres illusions. En perdant cet époux, elle avait vu disparaître le but de quinze années d'existence ; car, dès la première enfance, elle s'était consacrée à lui ; elle avait été séparée de lui ensuite pendant huit années (de douze à vingt ans) ; c'était donc toute une vie qu'elle avait vécu pour rien, et le coup qui l'accablait au début d'une vie nouvelle lui fit croire qu'elle ne s'en relèverait jamais. Elle se crut morte avec Octave, elle désira mourir pour le rejoindre; elle regretta de ne pas succomber à son épouvante devant l'avenir.

L'espérance est une loi de la vie, surtout dans la jeunesse. La perdre, c'est un état violent qui ne peut se prolonger sans amener la destruction de l'être ainsi privé du souffle régénérateur. C'était toute la maladie de Laure, mais elle était grave.

La nature luttait pourtant, et l'amour inassouvi, l'amour latent, sans but connu, sans désir formulé, couvait sous la cendre. Laure en était arrivée au point de redouter sa propre douleur et de désirer s'y soustraire ; mais elle croyait trouver le remède dans l'oubli ; elle ne voulait pas croire et elle ne savait pas, inexpérimentée et candide qu'elle était, que l'amour est le seul bien qui remplace l'amour.

Elle s'efforçait donc d'anéantir en elle-même le sentiment de l'existence réelle, et de se perdre dans le rêve de l'inconnu. Elle regardait les nuages et les étoiles, plongée dans des aspirations religieuses et métaphysiques qui la soutinrent pendant quelque temps ; mais l'âme humaine ne peut suivre impunément ces routes sans limites et sans issue. Le catholicisme a écrit le mot *mystère* au fronton de son temple, sachant bien que pour croire il ne faut pas trop chercher. Le ciel ne se révèle pas. Il s'entr'ouvre à l'espérance, à l'enthousiasme, à la science, et se referme aussitôt ou se peuple, à nos yeux éblouis et trompés, de fantaisies délirantes. Laure sentit que ces hallucinations la menaçaient. Épouvantée, elle en détourna ses regards et retomba brisée sur la terre, convaincue qu'elle ne pouvait embrasser l'infini, et que son organisation positive dans l'affection (c'est-à-dire essentiellement humaine et par là excellente) s'y refusait plus que toute autre.

Elle en était là quand elle vit Adriani. Son premier pas vers lui fut une attention plus marquée qu'elle n'avait encore pu en accorder à aucun homme depuis son malheur ; le second pas fut l'admiration envers une belle nature qui se révélait dans un talent sympathique ; le troisième fut la reconnaissance. Mais quand elle vit l'amour face à face, elle en eut peur comme d'un spectre, et pendant que l'artiste lui écrivait une lettre, qu'elle ne devait pas recevoir, elle lui écrivait celle qui suit :

« Noble cœur, adieu ! Soyez béni. Je pars ! il faut que je vous quitte. J'ai trop peur de prendre les consolations que je recevrais de vous pour celles que je vous donnerais. J'aurais encore bien des choses à vous dire de moi, ami! Pourquoi ne vous les ai-je pas dites tout à l'heure quand vous étiez là ? Pourquoi ne me sont-elles pas venues? Voilà qu'elles m'apparaissent comme des lumières vives. C'est sans doute l'orgueil qui agissait en moi et m'empêchait de m'accuser tout à fait devant vous! Oui, voilà le danger de ma situation : c'est de me laisser enivrer par le sentiment que vous m'exprimez, au point d'en être vaine et de vous cacher combien je le mérite peu. Eh bien! il faut que je me punisse du passé et du présent, il faut que je vous dise tout.

» Vous m'aimez sans me connaître. Ce ne peut pas être ma personne qui vous a charmé : vous avez pu aspirer sans doute aux plus belles, aux plus aimables femmes de l'univers, et je ne suis plus que le fantôme d'un être déjà très ordinaire. Je n'ai eu qu'un motif d'estime envers moi-même : je me croyais capable d'un grand, d'un éternel amour. Là était mon erreur, là est aussi la vôtre. Vous vénérez en moi l'ombre d'une puissance qui n'exista jamais. J'ai été au-dessous de mon ambition, au-dessous de ma tâche. Ami, plaignez-moi, et ne m'admirez plus, vous qui m'admiriez pour avoir su aimer ! Je ne l'ai pas su, j'ai mal aimé !

» Oui, voilà mon histoire en deux mots. Je n'ai pas été pour l'homme qui m'avait remis le soin de son bonheur la sainte, l'ange que je me flattais d'être. Je n'ai pas su l'absorber en moi, parce que j'ai trop souhaité de l'absorber. Ce n'est pas ainsi qu'on doit aimer; vous me le prouvez bien, vous qui ne me demandez rien que de me laisser chérir! Moi, j'aurais voulu qu'il m'aimât au point de s'ennuyer loin de moi. Ses distractions, ses amusements n'étaient pas les miens. Si je l'avais osé, j'aurais haï ses plaisirs que je ne partageais pas. Je ne le lui ai jamais dit, je ne l'ai jamais dit à personne; mais où est le mérite du silence? La soumission n'est là qu'un calcul d'intérêt personnel, qui consent à souffrir beaucoup pour ne pas risquer de souffrir davantage. J'aurais craint que la plainte n'éloignât tout à fait de moi celui que mon égoïsme eût voulu détacher de lui-même et anéantir à mon profit. Mon cœur était lâche, il était mécontent, c'est-à-dire coupable. La docilité extérieure n'est qu'un masque transparent : on n'est pas habile, on n'est pas fort quand on n'est pas sincère. Faute de pouvoir ou de savoir accepter les goûts d'Octave, je lui en gâtais la jouissance par une tristesse mal déguisée parce qu'elle était mal combattue et jamais vaincue. Deux ou trois fois, j'ai inquiété son repos, effrayé la conscience de son affection, et fait couler ses larmes. Trois fois! oui, en six mois d'union qui nous étaient comptés et dont j'aurais dû lui faire un siècle, une éternité de joie sans mélange. Je l'ai troublé et affligé trois fois! Et le jour même... Il faut que j'aie le courage de remuer ces souvenirs affreux, vous m'y forcez!

» Le jour même qui devait nous séparer pour jamais, je le vis quitter mes côtés et s'habiller pour sortir, sans avoir la force de lui dire un mot. Il faisait un temps affreux. J'étais sottement offensée de ce qu'il affrontait les rigueurs de l'hiver pour un but qui n'était pas moi. J'ai pris ensuite le chagrin violent que j'avais ressenti dans ce moment-là pour un pressentiment. C'en était un peut-être ! C'est une dernière faveur du ciel, une dernière bonté de Dieu envers nous, ces mystérieux avertissements qu'il nous donne ! Nous devrions les deviner et les suivre ! Je ne pus démêler ce qui se passait en moi. Je n'eusse rien empêché, je ne savais pas combattre les désirs d'Octave ; mais, au moins, je l'eusse embrassé une dernière fois ; il fût parti avec la conscience de mon amour.

» Je restai immobile, absorbée dans mon égoïste effroi de l'abandon. Il se pencha vers moi pour m'embrasser : je fermai les yeux pour retenir mes larmes, je feignis de dormir ; je ne lui rendis pas sa dernière caresse. On me l'a rapporté sanglant et déchiré, mort! mort sans que je lui aie donné seulement l'adieu de chaque matin! mort sans que j'aie pu lui pardonner le soir, dans un sourire, les angoisses journalières de mon faible cœur! Mort le jour même où, pour la première fois, mon âme jalouse exhalait ce cri impie : Il ne m'aime pas ! Ah ! c'est là ce qui l'a tué ! Le doute est une malédiction, et la malédiction de l'amour ouvre l'abîme des fatales destinées.

» L'infortuné ! Ce n'était pas lui qui

n'aimait pas, puisque sa conscience était si tranquille. C'est moi, je vous l'ai dit, je vous le répète, qui ai mal aimé !

Vous le voyez, ma vie est un remords plus encore qu'un regret, et j'ai si mal profité de mon bonheur, je l'ai tellement empoisonné par mes muettes exigences, que ce n'est pas le passé que je pleure ; c'est l'avenir, que j'aurais pu consacrer à la tranquille félicité d'Octave, et dont je lui avais avais déjà gâté les prémices.

Je ne mérite donc pas d'être consolée ; je ne le serais peut-être pas. Je subis, dans l'horreur de ma solitude, une expiation inévitable. Elle n'a pas duré assez longtemps; je ne suis point encore pardonnée, puisque le bienfait de l'amour qui s'offre à moi, au lieu de me faire tressaillir de joie, me fait reculer d'épouvante.

Dans la première jeunesse, on croit pouvoir donner autant qu'on reçoit; on ne s'inquiète pas du peu que l'on est et du peu que l'on vaut. Quand on est vieilli et flétri comme moi par un châtiment céleste, on frémit à l'idée de faire souffrir ce qu'on a souffert. Plus grand et meilleur que moi, vous souffririez encore davantage. Plus attentif et plus réfléchi qu'Octave, vous vous désabuseriez de moi, et, enchaîné peut-être par la générosité, par le respect de vous-même, vous seriez le plus à plaindre de nous deux.

Tenez, le divin amour n'est fait que pour les belles âmes. La mienne n'est pas un sanctuaire digne de le recevoir. Adieu, adieu ! ne voyez dans ma fuite qu'un hommage rendu à la grandeur de votre caractère et à la noblesse de votre affection.

LAURE.

Le vieux paysan qui combattait faiblement les envahissements de l'ortie et du liseron dans le jardin du Temple, remit cette lettre à Adriani au moment où il se levait, désespéré, pour fuir à jamais la maison abandonnée. Avant de lire, Adriani interrogea le bonhomme ; le message lui avait été remis, sans aucune explication, par madame de Monteluz elle-même, au moment où elle l'avait renvoyé du plus prochain relais de poste. C'est lui qui l'y avait menée, ainsi que Toinette, avec ses mulets. Il avait été appelé vers deux heures du matin par Toinette elle-même, sa chaumière étant à une très petite distance du Temple. Il avait trouvé les malles faites, il les avait chargées sur la calèche, et n'avait vu madame de Monteluz qu'au moment où elle y montait, et à celui où elle en était descendue. Tout cela s'était passé sans que le rude sommeil de Mariotte en fût troublé. Toinette avait chargé ce paysan de garder la maison. Un arrangement antérieur avait confié à son fils la régie du petit domaine. On ne savait pas quand on reviendrait, on ne savait pas encore où l'on allait directement. Cela dépendrait des lettres d'affaires que madame recevrait à Tournon. On descendrait peut-être le Rhône en bateau, on remonterait peut-être par la route de Lyon. Bref, cet homme ne savait rien, sinon, comme Mariotte, que *madame était partie.* Il la regrettait ; il disait que la bonne jeune dame était bien un peu détraquée dans ses esprits, mais que jamais maîtresse plus douce et plus généreuse n'avait parlé au pauvre monde. Ce fut comme une oraison funèbre, car il ajouta : Je crois bien que nous ne la reverrons plus et qu'elle n'est pas pour faire de vieux os. Elle a trop de mal dans son idée!

Adriani retourna au petit salon. Il se jeta sur le fauteuil où Laure s'était assise la veille et dévora sa lettre. Il la commença avec abattement; il la termina en la baisant avec transport. Quel plus doux aveu pouvait-il recevoir que cette confession? De quel plus grand charme Laure pouvait-elle se revêtir à ses yeux que de lui avouer, dans son repentir naïf, et sans savoir ce qu'elle avouait, que sa conscience plus que son cœur était fidèle à la mémoire d'Octave, et que ce cœur était vierge d'un amour partagé, par conséquent d'un amour complet? Adriani avait déjà pressenti qu'il n'avait pas à lutter contre un mort. Il ne se trompa pas sur la véritable portée de cette lettre ingénue. Il reconnut que l'urne pouvait être couronnée de fleurs et inaugurée par lui, sans amertume, au seuil de son avenir. Laure perdrait ses remords et se relèverait vis-à-vis d'elle-même le jour où elle saurait ce que c'est que le véritable amour, et combien peu elle avait offensé Dieu en le rêvant sur le cœur impuissant d'Octave.

Ainsi, en croyant décourager Adriani et l'éloigner d'elle, Laure avait resserré le lien qu'elle voulait rompre. L'extrême candeur agit souvent comme ferait l'extrême habileté. Elle obéit à la loi du vrai d'une manière toute fatale. Si la ruse prend le masque de la loyauté, c'est parce qu'elle sait bien que la loyauté est le seul pouvoir infaillible sur les bons esprits.

CHAPITRE DIXIÈME

X

Adriani fut dérangé dans de douces méditations par le vieux paysan qui venait emballer le piano.

— Où vous a-t-on dit de l'envoyer? lui demanda-t-il.

— Nulle part, monsieur. On m'a commandé de ne pas le laisser à l'humidité, de le mettre tout de suite dans sa caisse et de le tenir tout prêt, parce que on le ferait réclamer bientôt. Il paraît que madame y tient beaucoup, car elle m'a recommandé cela elle-même.

Adriani prit une prompte résolution. Où elle va, je le saurai, se dit-il; où elle sera, je la rejoindrai.

Il savait l'heure et le lieu du premier départ en poste. C'en était assez. Il retourna à Mauzères, embrassa le baron, lui emprunta un cabriolet et partit avec Comtois.

Au relais, il apprit que les deux voyageuses avaient pris en effet la route de Tournon. Il commanda des chevaux de poste et arriva au bord du Rhône avant la nuit. Là, il eut une inspiration. Toinette devait lui avoir écrit ; elle devait avoir prévu son anxiété et ses poursuites. Ou elle les seconderait, ou elle s'efforcerait de l'en décourager ; mais elle n'était pas femme à rester oisive au milieu d'une telle aventure.

Il courut au bureau de la poste, exhiba son passeport et retira une lettre à son adresse :

« Monsieur, disait Toinette, madame

l'a voulu. C'est bien malgré moi! Mais aussi pourquoi n'avez-vous pas daigné me dire si votre fortune répond à vos manières et si le nom que vous portez est le vôtre? J'ai eu peur d'avoir été trop loin, et je me suis trouvée sans défense quand madame m'a dit: « Partons, je le veux ! » Quelle est son idée? Croiriez-vous que je n'en sais rien? Jamais je ne l'ai vue comme elle est. C'est une volonté, une activité qui sentent la fièvre. Je ne la reconnais plus. Je vous écris du bateau à vapeur où nous sommes déjà embarquées, attendant la cloche du départ. Tout ce que je sais, c'est que nous descendons jusqu'à Avignon. Il me paraît bien impossible que nous n'allions pas au moins saluer madame la marquise au château de Larnac. Vous trouverez une autre lettre de moi, bureau restant, comme celle-ci, à Avignon. »

Tournon, 7 heures du matin.

Adriani descendit le Rhône et trouva un autre bulletin de Toinette qui lui annonçait qu'on se rendait effectivemet au château de Larnac, où, depuis le mariage de son fils, la marquise de Monteluz avait, à la prière de Laure, établi sa résidence.

« Je ne pense pas que nous y fassions

un long séjour, disait Toinette. Ne venez donc pas nous y rejoindre, monsieur. Je vous en ai assez dit sur le caractère et les idées de madame la marquise pour que vous compreniez qu'une imprudence pourrait nous amener des peines. Si vous voulez écrire, envoyez-moi vos lettres. »

Suivait l'adresse détaillée.

Adriani ne tint pas compte des terreurs de Toinette. Il continua sa route et alla s'installer au village de Vaucluse, à une lieue de Larnac, fort décidé à affronter la belle-mère et toute la famille plutôt que de renoncer à ses espérances. Il avait le meilleur prétexte du monde pour se trouver dans un lieu qui attire tous les voyageurs par la beauté des sites environnants, le voisinage de la célèbre fontaine et les souvenirs du grand poète.

Il apprit bientôt que la jeune marquise de Monteluz était de retour dans son château. Mieux connue dans ce pays que dans le Vivarais, elle n'y passait pas pour folle le moins du monde. Tout le monde respectait son deuil et plaignait son infortune. Adriani fut condamné à entendre, de la bouche de son hôte qu'il avait questionné avec précaution, le récit épique de la mort du jeune marquis, et à feindre de l'écouter comme une chose nouvelle. Il en fut dédommagé par les grands éloges qu'on donnait à la beauté de celle qu'on appelait la *Nouvelle Laure de Vaucluse*. On parlait aussi de sa bonté, de sa grâce et de ses talents.

Après avoir entendu ainsi, en déjeûnant, la causerie de son hôte, Adriani, arrivé depuis une heure et incapable de goûter un moment de repos avant d'avoir atteint le but de sa course, se disposa à sortir en disant à Comtois de ne pas l'attendre et de ne pas s'inquiéter de lui.

— Eh quoi! monsieur, s'écria Comtois effaré, vous ne dormirez pas un instant?

— Libre à vous de dormir toute la journée, mon cher Comtois.

— Mais c'est que monsieur me laisse là dans un pays affreux, où je ne connais pas une âme... Et si monsieur ne revenait pas ?

— Je compte revenir, Comtois, et je n'entreprends rien de tragique. Est-ce que j'ai l'air d'un homme qui va se noyer ?

— Non, monsieur... mais enfin... si monsieur prenait fantaisie d'aller plus loin sans moi...

— Vous m'êtes donc bien attaché, monsieur Comtois? dit Adriani d'un air moqueur.

— Ce n'est pas pour ça, répondit Comtois piqué ; mais on est toujours inquiet quand on ne voit pas devant soi. Avec monsieur, on marche toujours *dans les ténèbres.*

— Ténèbres ! dit Adriani en partant d'un éclat de rire qui acheva de mortifier Comtois. Il fait le plus beau soleil du monde, mon cher !

— N'importe, reprit Comtois irrité. Je ne connaissais pas monsieur pour un artiste ; je suis entré à son service de confiance, et je voudrais que monsieur prît la peine de me rassurer ou de me congédier.

— Fort bien! Vous dédaignez les arts! dit Adriani, que les angoisses de son valet de chambre commençaient à divertir, et qui, en achevant de s'habiller, n'était pas fâché de lui rendre ses mépris en taquineries inquiétantes ; c'est mal à vous, monsieur Comtois. Entre gens de rien, comme vous et moi, on devrait se soutenir, au lieu de se soupçonner.

Aurait-il vu mon journal? pensa Comtois. Il sentit l'ironie et baissa le ton

Mon Dieu, monsieur, je ne prétends pas que monsieur...

— Si fait, vous pensez que je vous ai amené au bout de la France et que je vais vous y oublier. Les artistes sont tous fous, égoïstes, indélicats. Dame! vous les connaissez bien, je le vois, et il n'y a pas moyen de vous en faire accroire !

— Monsieur plaisante! dit Comtois épouvanté. Et, se croyant aux prises avec un aventurier qui levait le masque, il supputait des frais de séjour illimité à Vaucluse, dans une vaine attente de son retour et des frais de route pour retourner seul à Paris.

Adriani prit son chapeau et se dirigea vers la porte sans autre explication. Comtois pâlit. Son maître avait laissé presque tous ses effets à Mauzères. Pressé de partir, il n'avait emporté qu'une légère valise et un nécessaire de voyage fort simple. Il n'y avait pas là de quoi indemniser Comtois.

Adriani attendait qu'il lui adressât quelque impertinence afin de savoir à quoi s'en tenir sur son caractère, mais Comtois n'avait pas d'autre vice que la sottise. Esclave du devoir, il se sentait condamné à la confiance par celle que son maître lui avait témoignée en mille occasions.

Adriani sourit en voyant l'anxiété de cet homme refoulée par le respect humain.

— A propos, dit-il en revenant sur ses pas, comme frappé d'un souvenir. J'ai mis mon portefeuille dans ce tiroir. Prenez-le sur vous, Comtois; bien que les gens de cette auberge aient l'air honnête, ce sera encore plus sûr.

Il lui donna la clé du tiroir et sortit.

Comtois ouvrit précipitamment le portefeuille et vit qu'il contenait une dizaine de mille francs en billets de banque. Le calme se fit dans son âme, l'appétit lui revint. Il acheva tranquillement le déjeûner de son maître, et savoura les excellentes truites de la Sorgue accommodées avec une véritable *maestria* par l'hôte de l'*Hôtel de Pétrarque*. Il rangea tout ensuite avec les plus grands égards pour la chambre de son maître, nettoya son encrier de voyage et s'en servit pour consigner dans son journal les réflexions suivantes :

Bourgade de Vaucluse, premier septembre 18.....

Monsieur n'est qu'un artiste, c'est la vérité; mais, malgré ça, c'est un très galant homme, qui montre aux gens, dans l'occasion, le cas qu'il fait de leur probité. Monsieur est aussi un homme fort aimable. Il a causé avec moi, ce matin, pour la première fois, et m'a mis à même de voir qu'il n'est pas sans esprit et sans éducation. »

Après quoi, Comtois alla voir la grotte et le lac souterrain de Vaucluse, ce qui lui fournit matière à une lettre descriptive adressée à son *épouse* et qui commençait ainsi : « Rien de plus étonné que moi à la vue de cette eau chantée par monsieur Pétrarque !... etc. » Constatons un fait, avant de laisser M. Comtois à ses élucubrations : c'est qu'il avait pour sa femme une affection protectrice. Il avouait volontiers à ses amis qu'il avait fait un *mariage de garnison*, car elle était simple cuisinière et ne mettait pas un mot d'orthographe ; mais elle avait de l'esprit naturel, disait-il, et devinait des choses au-dessus de sa portée. Voilà pourquoi il n'était pas fâché de l'éblouir, dans l'occasion, par une supériorité qu'il jugeait incontestable.

Adriani avait pourtant passé devant la source sans lui accorder un regard. Il avait traversé les montagnes environnantes, se dirigeant à vol d'oiseau vers le village de Gordès qu'on lui avait indiqué comme voisin de Larnac. Il arrivait au milieu du jour, insensible à la fatigue et à une chaleur accablante, au terme de sa course.

Là seulement il put songer à admirer le pays, qui était superbe, et des vallées fertiles, protégées de montagnes d'un assez beau caractère. Larnac était un vieux manoir d'un aspect imposant par sa situation, d'une importance médiocre cependant, mais rendu confortable par la longue résidence d'une famille aisée et les soins que la belle-mère de Laure y avait donnés durant la tutelle de cette dernière. Dans les premiers jours de son mariage, Laure elle-même avait rempli sa demeure d'une certaine élégance, sans luxe déplacé. Elle eût voulu faire aimer cet intérieur à son jeune mari. Depuis la mort d'Octave, Laure ne s'était plus souciée ni occupée de rien ; mais la marquise avait entretenu toutes choses avec ponctualité.

Le mot de ponctualité est celui qui convient le mieux pour résumer le caractère et l'existence entière de cette femme que son entourage distinguait de Laure en l'appelant la *marquise*, tandis que Laure, marquise aussi, mais tenue dans une sorte d'infériorité de convenance, était désignée sous le nom de *madame Octave*. Nous suivrons cette donnée quant à la belle-mère, pour éviter toute confusion.

Son *nom de fille*, comme on dit encore dans les anciennes familles, était Andrée d'Oppèdète. Elle avait été fort belle, mais froide, sans charme et sans grâce. Élevée dans un couvent d'Avignon, produite ensuite dans le monde d'Avignon, de Marseille, de Nîmes et d'Uzez, mariée à un gentilhomme sans avoir, mais dont les ancêtres avaient fourni des viguiers à toutes les vigueries de la Provence : épouse sans amour, mère sans faiblesse, femme sans reproche, elle avait mené, sous le plus beau soleil du monde, une vie glacée par les préjugés aristocratiques et religieux, si obstinés dans le midi de la France. Ces préjugés n'étaient pas chez elle à l'état violent. Toute violence lui était inconnue. Ils étaient à l'état de foi inébranlable, béate, indestructible. Vue d'un seul côté, c'était une très respectable nature, rigide sur tous les points d'honneur, désintéressée, libérale autant que lui permettaient ses idées d'ordre et la médiocrité de sa fortune; indulgente autant que peut l'être une orthodoxie à seize quartiers ; chaste autant que peut l'être une femme, qui, par ordre du confesseur, subit sans amour la loi du mariage.

Longtemps, la belle Andrée brilla dans

le monde provençal comme un meuble d'apparat qui ornait les fêtes sans les égayer. Sans sortir de sa famille, qui se ramifiait par ses alliances, à une population entière de cousins, d'oncles, de germains et issus de germains, elle se trouvait très répandue. Les devoirs de famille lui créèrent donc des habitudes de représentation et d'hospitalité, et quand elle avait dit *le monde*, objet de son respect ou de ses égards, elle croyait parler de l'univers et ne se doutait pas que l'opinion pût dicter ses arrêts ailleurs que dans le petit groupe que formaient, en somme, ses grandes relations au sein d'une petite caste.

Le récit de Toinette, relativement à la

longue opposition de la marquise au mariage d'Octave avec sa pupille, était parfaitement véridique. Cette mère rigide, cette fière patricienne pauvre, eût laissé mourir d'amour et de douleur son fils et sa nièce plutôt que de se laisser soupçonner de calcul et de captation. Elle ne céda qu'en voyant Laure toucher à sa majorité sans varier dans sa préférence ; mais, en cédant, elle se garda bien de témoigner aucune joie d'un mariage qui redorait un peu le blason de sa famille. Elle ne ressentit même aucune admiration pour la constance et la générosité de sa pupille. Elle les regarda comme des choses toutes simples, à la hauteur desquelles sa fierté, a défaut de sa sensibilité, l'eût placée, et elle se contenta de dire : C'est bien, je me rends !

La mort tragique de son fils n'entama point ce mâle courage. Elle avait sans doute des entrailles maternelles, et elle en ressentit le déchirement; mais la première consternation passée, on ne s'aperçut de sa douleur qu'à la disparition complète du pâle et rare sourire qui effleurait parfois jadis ses traits austères. Quelques fils argentés se mêlèrent à ses cheveux, jusque-là noirs comme l'ébène. On jugea qu'elle avait mortellement souffert sous son air résigné. C'est possible, c'est probable; mais ce ne fut pas seulement la piété qui triompha de ses regrets, ce fut l'orgueil et même la vanité. Il n'est point de femme belle sans complaisance secrète pour elle-même. Faute de charme, la belle Andrée n'avait jamais plu à personne. Elle le savait, elle l'avait senti. Elle savait aussi qu'elle ne pouvait briller ni par l'esprit, ni par l'instruction. Elle s'enveloppa dans sa fermeté de caractère, qu'en plus d'une occasion on avait remarquée et que son mari vantait pour avoir quelque chose à vanter dans son intérieur. Elle s'y enferma si bien que nulle matrone romaine n'y eût mis plus de pompe et de solennité.

Au moment où Adriani approchait du château, Laure et sa belle-mère, assises dans un assez beau salon, qui passait pour somptueux dans un pays où le luxe a fort peu pénétré, causaient ensemble pour la première fois depuis bien longtemps. Laure, involontairement mais profondément froissée par le stoïcisme intolérant de la marquise, s'était presque toujours renfermée dans un silence respectueux, se disant, avec raison, qu'une personne dont toute l'action morale se bornait à la *science des égards* n'avait pas droit à autre chose qu'à des égards. Arrivée la veille et très fatiguée, Laure s'était levée tard et commençait avec la marquise un entretien qui ne pouvait être un épanchement et qui prenait le caractère d'une explication.

— Eh bien ! ma fille, dit la marquise, dont la voix inflexible, ne savait mettre aucune douceur dans ce parler maternel, vous êtes reposée, vous pouvez me parler de vous-même. Mademoiselle Muiron, que j'ai interrogée ce matin sur votre santé, m'a répondu que vous étiez à la fois mieux et plus mal ; mais cette bonne personne a si peu de jugement, que j'aime mieux ne m'en rapporter qu'à vous. Je ne saurais la suivre dans son langage affecté et dans ses réponses embrouillées. Voyons, comment vous trouvez-vous au physique et au moral, après l'étrange voyage que vous venez de faire?

Laure se sentit peu disposée à répondre à des marques d'intérêt qui ressemblaient à une critique. Elle se contenta de sourire avec mélancolie et de demander pourquoi la marquise qualifiait son voyage d'étrange.

— Je ne prétends pas ridiculiser vos démarches, ma très chère, répondit la marquise, encore moins les blâmer. Je me suis permis seulement de penser que vous étiez bien jeune pour quitter ainsi l'aile maternelle, et bien faible de santé pour vous jeter dans la solitude.

Laure garda le silence, décidée à n'entamer jamais aucune lutte avec sa belle-mère. Celle-ci reprit :

— Vous êtes maîtresse de vos actions, je le sais, et je reconnais vos droits à l'indépendance. Ce n'est donc pas de moi que vous relèverez jamais, mais des convenances d'un monde qui n'aura pas pour vous l'indulgence à laquelle vous prétendez.

— Je ne prétends à rien, répondit Laure ; mais puis-je savoir de quoi ce monde souverain m'accuse ?

— De rien que je sache; mais il s'étonne un peu, et peut-être trouverez-vous avec moi qu'il ne faudrait même pas inquiéter les jugements humains.

— Je pense que vous avez toujours raison, chère maman, dit la jeune femme avec une douceur sans abandon. Vous ne pouvez pas vous tromper, et vos pensées sont un code, comme vos actions sont un modèle infaillible vis-à-vis du monde, mais je ne suis plus du monde, moi, vous le savez.

— Je regrette, reprit la marquise sans montrer son mécontentement par la moindre émotion, que vous persistiez dans cette bizarrerie de vous croire affranchie de tous les liens que subissent sans effort les âmes bien nées. J'aurais cru que le temps et le recueillement de la solitude, que les fruits de la prière et la gravité de votre rôle de veuve, vous procureraient enfin le courage de donner le bon exemple. Je suis persuadée que vous ne sentez pas le danger où vous mettez les âmes, en vous montrant si consternée, si indifférente aux témoignages d'estime qui vous entourent. Permettez à mon affection de vous dire qu'on se doit aux autres, et que les regrets les mieux fondés, le chagrin le plus légitime, peuvent revêtir une apparence de romanesque et de passionné qui ne sied point à une jeune femme....

L amarquise en était là de son sermon, quand Toinette entra, la figure bouleversée, en disant à Laure :

— Madame, vous plaît-il de venir un instant?

— Qu'est-ce donc? dit la marquise en se levant. Est-il arrivé un accident à quelqu'un de la maison?

— Non, madame, répondit Toinette embarrassée. C'est quelqu'un qui demande à voir madame Octave.

— Un homme de la campagne? reprit

la marquise. Qu'il vienne ; nous écoutons tout le monde.

— Non, dit Laure, qui avait compris du premier regard le trouble de Toinette, et dont le cœur s'ouvrait inopinément à une profonde satisfaction. C'est une visite, n'est-ce pas, Toinette ?

— Eh bien ! quelle est donc cette manière d'annoncer ? dit la marquise à Toinette. Vous vous levez, ma fille ? Vous allez au-devant de la personne... Sachez d'abord qui c'est.

— C'est une personne que je connais, répondit Laure en allant jusqu'à la porte du salon et en tendant la main à Adriani.

Adriani entra en baisant cette main avec transport. La marquise resta stupéfaite

Adriani était si ému, si enivré d'être reçu ainsi, qu'il ne voyait pas seulement la marquise.

— Maman, dit Laure à sa belle-mère avec l'aisance la moins équivoque, je vous présente monsieur d'Argères, dont je n'ai pas encore eu le temps de vous parler, mais qui mérite de vous un bon accueil.

— Je n'ai pas à en douter, ma fille, répondit la marquise en saluant Adriani, d'après celui que vous lui faites. Vous avez connu monsieur dans votre voyage, et il faut que ce soit un homme d'un grand mérite pour qu'une si nouvelle connaissance ait déjà pris place dans votre intimité.

Adriani, qui tenait toujours la main de Laure dans les siennes, se réveilla comme en sursaut, non pas tant aux paroles de la marquise, qu'il entendit confusément, qu'au regard terrible qu'elle attacha sur lui. Il n'y avait pourtant aucune colère dans ce regard, mais il s'en échappait un froid de glace qui passait dans tous les membres.

Adriani quitta la main de Laure après

l'avoir baisée une seconde fois, il salua profondément la marquise, et, surmontant l'espèce de paralysie que lui causait l'aspect de cette femme, il la regarda fixement aussi, attendant qu'elle passât de l'épigramme au reproche.

La marquise restait debout, et cette attitude était fort significative. Laure ne pouvait ni s'asseoir ni faire asseoir son hôte avant que la vieille dame, habituée d'ailleurs au rôle de première maîtresse de la maison, ne leur en eût donné l'exemple.

Cette situation bizarre dura presque une minute, c'est-à-dire un siècle, si l'on se représente l'embarras intérieur d'Adriani.

Mais il avait trop d'usage pour ne pas paraître aussi à l'aise que si la marquise l'eût reçu à bras ouverts, et cette aisance la frappa vivement. Elle sentit quelque chose de supérieur dans cet inconnu, et comme, à ses yeux, la supériorité, c'était un grand nom ou une grande position dans le monde, elle craignit d'avoir été trop loin et se rassit en invitant, d'un geste royal, sa belle-fille et son hôte à en faire autant. Puis, elle se renferma dans un silence majestueux, mais droite sur son fauteuil et attendant une explication.

Il n'appartenait pas à Laure de la donner. Elle ne pouvait disposer de la révélaion qu'Adriani ne voulait sans doute pas faire à un tiers de ses sentiments secrets. elle eût été bien embarrassée de donner le moindre éclaircissement sur la position qu'il occupait dans la société, puisqu'elle n'avait pas seulement songé à s'en enquérir.

Toinette, qui, par privilége d'ancienneté avait place au salon, s'était réfugiée dans un coin, où feignant de ranger une corbeille à ouvrage, épouvantée de l'attitude que prenaient les choses, mais curieuse d'en voir l'issue, elle offrait la vivante image de la perplexité.

CHAPITRE ONZIÈME

XI

—

La personne la plus calme, en apparence, dans ce groupe pétrifié, c'était Adriani. Laure, tranquille pour elle-même, qui ne sentait rien à se reprocher, n'était pas sans inquiétude pour celui qui, en lui marquant un attachement si tranché, s'exposait pour elle à d'injustes affronts.

Adriani était homme de résolution, et, voyant bien clairement que la marquise ne quitterait pas la place sans savoir à quoi s'en tenir, il parla ainsi, en s'adressant à la vieille dame avec une assurance respectueuse :

— Il est tout simple que madame la marquise de Monteluz, — car c'est à elle que j'ai l'honneur de parler... — (la marquise fit une légère inclination de tête) veuille savoir quelle est la personne assez audacieuse pour se présenter ainsi devant elle.

Cette personne est audacieuse, en effet, très audacieuse ; elle ne se le dissimule pas ; mais madame la marquise n'a pas sujet de s'en alarmer, puisque ce n'est pas devant elle que l'audacieux s'attendait à être admis. Il se serait fait présenter à elle selon toutes les formalités requises et avec tout le respect qu'il sait lui devoir, si l'honneur de lui faire sa cour eût été le but de sa visite.

La personne, la prononciation, les manières d'Adriani avaient tant de distinction naturelle et acquise, et, en ce moment, sa volonté donnait quelque chose de si décidé à sa physionomie, que la marquise, se demandant vainement où elle avait entendu prononcer avec éclat le nom de d'Argères, se figura qu'elle voyait devant elle quelque prince étranger. Elle accepta donc paisiblement l'espèce de leçon que lui donnait l'inconnu, certaine qu'il allait y joindre quelque chose d'assez flatteur pour la dédommager.

Adriani poursuivit : — Cependant, puisque l'occasion me sert si bien, et que me voilà favorisé au point de me trouver en présence de deux châtelaines de Larnac, je ne suis pas assez écolier pour ne pas en profiter avec empressement. J'aurais cru d'abord qu'il me suffisait d'être présenté par la fille à la mère pour être accepté de confiance ; mais madame la marquise daignant m'interroger...

La marquise ne broncha pas. Elle mettait la convenance fort au-dessus de la courtoisie, et la fausse convenance au-dessus de la vraie qui eût exigé qu'elle acceptât, les yeux fermés, la caution de sa belle-fille. Elle attendit la suite en femme qui ne transige pas.

Adriani, qui l'observait attentivement sans pouvoir surprendre l'ombre d'une incertitude ou d'un accommodement dans ses yeux clairs, poursuivit sans se troubler :

— Je me vois donc forcé de faire ma propre apologie, en dépit de toutes les règles de la modestie. Je la ferai très courte. Je suis un homme irréprochable. J'ai quelque talent, quelque fortune. J'appartiens à une famille honorable. Je suis passionnément épris de madame Laure de Monteluz. J'ai osé le lui dire et mettre mon existence à ses pieds. Loin de m'encourager, elle m'a fui ; je l'ai suivie, parce que je persiste et que je suis décidé à ne renoncer à mes espérances que chassé d'ici par elle-même.

Laure resta immobile et comme recueillie dans une méditation calme. Un pâle sourire éclairait sa figure.

La marquise était plus pétrifiée que jamais. Toinette retenait son souffle.

Pourtant la marquise n'était pas ennemie de cette sorte de solennité brusque, qu'elle attribuait à l'aplomb d'un grand personnage. Elle aimait la lutte et l'obstination de la controverse.

— Monsieur, répondit-elle, dans les usages de la noblesse méridionale, une demande en mariage exige la réunion des principaux membres d'une famille ; mais je crois deviner que vous êtes étranger, du moins à cette partie de la France, dont nous sommes, ma fille et moi.

— Oui, madame, répondit l'artiste avec vivacité et en regardant Laure, qu'il lui tardait d'instruire mieux et plus vite que sa belle-mère. Je suis à moitié étranger, puisque ma mère était Italienne, que je suis né à Naples et que je porte volontiers le nom d'*Adriani*.

Laure tressaillit, rougit faiblement, comme à la joie d'une agréable découverte, et tendit de nouveau la main à l'artiste, sans faire la moindre attention à l'étonnement de sa belle-mère et à la consternation de Toinette.

Ce fut une ivresse de bonheur pour Adriani que ce mouvement spontané.

Laure le savait artiste, et c'était un titre à à ses yeux.

Quant à la marquise, qui, sans être musicienne, avait toujours montré beaucoup d'encouragement et de condescendance pour la passion de Laure à l'endroit de la musique, ou elle ne se rappela pas avoir ouï parler d'un chanteur du nom d'Adriani, ou, si elle se souvint d'avoir lu ce nom gravé sur les cahiers de sa belle-fille, elle ne voulut pas supposer que ce fut celui qui se donnait pour riche et bien né. Elle se confirma dans la supposition d'une destinée des plus brillantes, et reprit son résumé.

—Je crois, monsieur, d'après votre personne et votre langage, que vos poursuites peuvent être très flatteuses pour ma fille ; mais, avec la vivacité italienne qui vous caractérise, vous voulez marcher trop vite. La chose est délicate au possible dans l'esprit de deux femmes appelées par vous à se prononcer sans prendre conseil que d'elles-mêmes. Vous nous permettrez donc de nous consulter d'abord, ma fille et moi, et ensuite de réunir notre famille avant de prendre une résolution aussi grave. C'est l'avis de ma fille et le mien.

Adriani interrogea les regards de Laure, qui restaient doux, mais vagues.

— A quoi songez-vous, ma fille? dit la marquise, étonnée de sa préoccupation.

Laure se réveilla et dit avec calme :

— Je pensais à lui, maman, à ce qu'il nous dit. A quoi voulez-vous que je songe quand il est là? Je l'aime autant qu'il m'est possible d'aimer, et pourtant je ne peux pas encore lui répondre. Je ne peux pas, il le sait bien.

— Ainsi, Laure, rien n'est changé entre nous, s'écria Adriani. Eh bien ! merci pour la part de confiance que vous me conservez. Je craignais d'avoir à la reconquérir. Je ne m'en effrayais pourtant pas : j'y étais si bien résolu! Soyez bénie, si cette fuite ne cache pas le désir de m'échapper pour toujours.

— Ma fuite ne cache rien, répondit Laure. N'avez-vous pas reçu ma lettre? Je n'ai jamais fait un pas ni dit un mot qui cachât quelque chose; ne le savez-vous pas?

— Oui, je le sais. J'ai tort de parler comme je le fais. Je vous comprends, je vous connais, et c'est pour cela que je vous adore. Vous avez cru devoir me détacher de vous et m'y aider. Vous savez, Laure, que je n'accepte pas votre opinion sur vous-même. Déterminé plus que jamais à la combattre, me voilà à vos pieds. Il faut bien que vous m'y laissiez jusqu'à ce que votre amitié pour moi devienne de l'amour ou de l'aversion. Quant à moi, je n'accepterai qu'un seul arrêt de vous : celui de la haine ou du mépris.

— Celui-là n'arrivera jamais, Adriani. Il m'est aussi impossible de croire que vous me deviendrez odieux qu'il m'est impossible de savoir si je partagerai votre passion. Dans cette incertitude, mon rôle vis-à-vis de vous peut-il se prolonger? Voulez-vous donc que, moi qui n'ai qu'une vertu, celle de la franchise, j'accepte le personnage d'une coquette, et que j'entretienne des espérances peut-être mal fondées ? Quittez-moi et donnez-moi du temps, voilà ce que je vous ai demandé, ce que je vous demande encore.

— Et voilà, répondit Adriani avec impétuosité, ce que je ne peux pas vous accorder, moi ! Je sais très bien contre quels souvenirs, contre quels découragements j'ai à lutter pour vous convaincre. De loin, j'échouerai à coup sûr. Mes lettres, en supposant que vous vous engagiez à les lire, ne vous prouveront rien en ma faveur. Des paroles ne sont pas des actions. Si vous me chassez, je suis perdu, je le sais ; je suis maudit !

Adriani, à cette pensée, fut si fortement ému, que sa figure s'altéra et que des larmes vinrent au bord de ses paupières ; de vraies larmes qu'une excitation volontaire n'arrachait pas au système nerveux d'un artiste, mais qu'une douleur véritable répandait dans la voix et sur le visage d'un homme, en dépit de lui-même.

Laure les vit, et l'effet en fut si soudain et si sympathique sur elle, que ses yeux s'humectèrent aussi.

— Non, lui dit-elle, je ne veux pas que vous partiez triste ; je ne veux pas vous avoir rendu malheureux, ne fût-ce que passagèrement ! Vous resterez près de nous jusqu'à ce que je vous aie fait consentir à vous éloigner sans amertume. Toinette, va, je te prie, faire préparer la chambre de M. Adriani. Je l'invite à passer quelques jours chez moi. — Maman, ajouta-t-elle dès que Toinette fut sortie, je vous demande pardon de prendre ce parti sans vous consulter. Il est des circonstances, je le vois, où la conscience et le cœur sont d'accord pour commander notre conduite, dût-elle ne pas être approuvée par les êtres que nous respectons le plus. C'est à moi maintenant de vous persuader humblement de penser comme moi sur le compte de l'*ami* que j'ose vous présenter de nouveau comme tel, et qui aspire à votre bienveillance.

La marquise était si étourdie de ce qui se passait sous ses yeux, qu'elle ne put d'abord trouver une parole. Tout son *usage* l'abandonnait. Elle croyait rêver.

Elle connaissait Laure pour *entêtée*. C'est le mot que, depuis l'enfance de sa pupille, elle appliquait, sans gaîté ni aigreur, à son caractère. Le résultat de cette persistance dans les sentiments ayant été un heureux mariage pour le fils de la marquise, celle-ci avait dû reconnaître qu'elle ne regrettait pas d'avoir été *vaincue et dominée* (c'est ainsi qu'elle parlait) par *cette petite fille*. Depuis la mort d'Octave, l'accablement de Laure, également invincible, sa haine pour ce que la marquise appelait le monde, surtout son absence récente, qui ressemblait un peu à une révolte déguisée contre les habitudes de la famille, avaient bien choqué les idées de la vieille dame ; mais elle se flattait de ramener sa bru à une soumission absolue, du moins en sa présence. Elle fut donc abasourdie de la voir se fiancer, en quelque sorte à sa barbe (elle en avait un peu), avec un inconnu, sans avoir égard aux sages lenteurs et aux minutieuses enquêtes qu'elle se réservait d'apporter en obstacle ou en aide dans tout projet de mariage que Laure pourrait former.

— Vous avez été bien vite, en effet, ma

chère Laure, dit-elle enfin d'un ton d'autant plus aigre qu'il était plus réservé. Le parti très étrange que vous prenez de retenir monsieur, au risque de compromettre votre réputation, est le fâcheux résultat d'imprudences commises sans doute dans votre malheureux voyage. Il est trop tard assurément pour s'en affliger, et je n'ai pas l'habitude de me faire persécutante sans utilité. Puisque vous n'êtes plus parfaitement maîtresse de vos actions, et que vous avez cru devoir témoigner à un tendre adorateur des sentiments après l'aveu desquels il n'y a de possible que des transactions, je dois baisser la tête en silence et prier pour que l'issue du roman soit heureuse pour vous, édifiante pour les autres.

Ayant ainsi parlé et dit toutes ces choses dures d'une voix très douce, la dame se leva, salua Adriani et quitta l'appartement avec l'affectation d'une personne qui se sent de trop.

Il était temps qu'elle se retirât, elle l'avait senti elle-même en voyant le feu de l'indignation monter au visage d'Adriani. Ce généreux esprit se révoltait tout entier contre la sécheresse du cœur, et cette dureté, presque insultante envers une femme aussi éprouvée que la pauvre Laure, lui paraissait un crime. Même en dehors de son amour pour elle, il eût éprouvé le besoin de la venger de ces froids sarcasmes. Quand la marquise eut repoussé la porte sur elle, il était debout, l'œil menaçant, la bouche contractée par le dédain. Laure lui prit le bras pour l'arracher à son anxiété.

— Eh bien ! lui dit-elle en souriant, vous ne saviez pas ce qu'il fallait braver pour approcher de moi, ici ?

— Si, je le savais, répondit-il. Je suis venu quand même.

— Et vous resterez quand même ?

— Non pas quand même, mais parce

que. La vue de cette femme me fait bénir ma persévérance, et elle m'explique tout. Ce n'est d'avoir perdu Octave, c'est d'être restée sous le joug de sa mère, qui vous fait désespérer de toutes choses et de vous-même. C'est là le souffle de mort qui vous tuerait, et auquel mon influence et ma volonté doivent vous soustraire.

— Pardonnez-lui, Adriani. Elle obéit à une croyance, et d'ailleurs ce n'est pas le moment de la maudire : c'est à elle que vous devez d'être ici pour quelques jours. Si je n'avais pas eu la certitude qu'en apprenant qui vous êtes elle allait vous faire quelque affront, je ne me serais pas départie si aisément de la conduite que je m'étais tracée envers vous; mais j'ai pris les devants, en lui rappelant que je suis chez moi et qu'elle n'en peut chasser personne.

—Qu'elle soit donc bénie, cette barre de fer qui vous enferme, mais qui pliera ou se rompra devant vous, j'en fais le serment. Oublions-la pour le moment, et laissez-moi vous parler de moi, à propos de ce que vous venez de dire. Ce que je suis, je vois bien qu'elle ne le sait pas encore; il est temps que vous le sachiez vous-même.

— Non, non! répondit Laure, j'en sais

assez. Vous êtes l'admirable Adriani dont la fierté et le désintéressement égalent le génie et l'inspiration. Si vous avez, en effet, de la fortune (on m'avait dit le contraire), laissez-moi l'ignorer ou ne l'apprendre que par hasard. Ah! mon ami, croyez-vous que si mon cœur se refuse à l'amour qui vous est dû, l'obstacle soit en vous! Non certes. Quelle que soit votre condition dans la vie, je ne veux connaître de vous que vous-même.

— Eh bien! reprit Adriani, c'est de moi-même que je vous parlerai en vous disant que je dois la fortune à des hasards et non à des travaux qui pourraient me distraire de vous.

Il raconta alors tout ce qui était contenu dans la lettre que nous avons rapportée, et qu'il n'avait pu faire tenir à Laure.

Ils causaient ensemble depuis deux heures, lorsque Toinette revint dire à la jeune femme que sa belle-mère désirait qu'elle voulut bien monter dans sa chambre un instant.

— Qu'y a-t-il, Toinette? dit Laure en se levant. Est-on bien courroucée contre nous?

— Hélas! oui, madame, répondit Toinette qui avait les yeux rouges et gonflés, madame m'a fait mille questions, et jamais juge criminel n'a torturé de la sorte un témoin. Que pouvais-je lui répondre? Monsieur eût bien mieux fait de me dire son secret. J'aurais pu présenter la vérité dans son meilleur jour.

— Quel secret, Toinette? dit Adriani impatienté. De ce que je voyage sous mon nom de famille pour éviter les importunités qui accablent un artiste dont le pseudonyme est connu de tous les amateurs, et dont heureusement la figure est moins connue que les ouvrages, doit-on conclure que je rougis de ma profession? Est-ce là l'opinion de la marquise? Prend-elle l'espèce de modestie, qui est le refuge de mon indépendance de promeneur, pour une lâcheté d'imbécile?

— Je ne saurais vous dire ce qu'elle pense; mais votre nom d'Adriani l'a intriguée. Elle a une mémoire désolante. Elle m'a demandé brusquement si vous chantiez. J'ai répondu que c'est par la musique que vous aviez fait connaissance avec nous. J'ai cru tout arranger en racontant la vérité, moi! Elle s'est écriée : *C'est cela !* Et après m'avoir traitée comme une intrigante, avec ses petites paroles pincées qui vous figent le sang, elle m'a ordonné d'appeler madame.

— J'y vais, dit Laure tranquillement. Tu

as bien fait d'être sincère, Toinette. Et vous, mon ami, ne soyez pas inquiet pour moi. J'ai peut-être plus d'énergie qu'on ne m'en supposerait.

Laure trouva sa belle-mère à genoux sur un prie-Dieu. La chambre petite et sombre qu'elle occupait au château de Larnac, était pauvre, nue et propre comme celle d'une religieuse. Jamais Laure n'avait pu la faire consentir à prendre sa part dans le bien-être qu'elle avait apporté dans la famille. Hautaine et stoïque, la noble dame couchait sur la dure, et, autant par orgueil que par humilité, elle ne souffrait pas le velours d'un coussin entre ses genoux et le bois de chêne de son prie-Dieu.

Elle ne s'était pourtant pas mise en prières dans ce moment par ostentation ni par hypocrisie. Elle s'était sentie indignée et elle demandait à Dieu de n'en rien faire paraître. Sincère, mais complètement inintelligente des délicatesses du cœur, elle croyait avoir remporté une victoire décisive sur elle-même, quand, sans élever la voix, ni ressentir la moindre accélération de son sang, elle avait réussi à blesser avec préméditation la dignité ou la sensibilité d'autrui.

— Ma fille, dit-elle en se relevant,

asseyez-vous, et veuillez m'écouter avec sagesse. Vous avez apparemment, sur l'importance des distinctions sociales, des idées qui diffèrent entièrement des miennes.

— Je crois que oui, en effet, chère maman, répondit Laure.

— Je m'en étais doutée quelquefois, reprit la marquise, surtout dans ces derniers temps ; mais l'éloignement que nous avons l'une et l'autre pour toute espèce de discussion oiseuse nous a empêchées de nous bien connaître jusqu'à ce jour, et je le regrette. J'aurais pu combattre en vous des tendances dangereuses aux idées ré-

.volutionnaires de ce malheureux siècle. J'aime à croire pourtant que ces tendances sont combattues en vous-même par le sentiment de votre propre dignité, et qu'en ajournant les espérances blessantes de M. Adriani, vous vous rappellez *ce* qu'il est et *qui* vous êtes.

Elle fit une pause pour attendre la réponse de son interlocutrice, qui avait pris, dès l'enfance, l'habitude ne jamais l'interrompre. Laure répondit en résumant, en quelques mots, sans réflexion aucune, l'histoire qu'Adriani venait de lui raconter. Puis elle attendit à son tour le jugement que porterait la marquise.

— D'après ce que vous me dites, répondit celle-ci, et je veux supposer que M. d'Argères vous a bien dit la vérité, je vois qu'il mérite de l'estime et des égards. Sa naissance, quoique sortable à ce que je crois, ne me paraît pas à la hauteur de la vôtre; sa fortune, si elle est bien réelle, est supérieure à celle que vous possédez; mais je vous estime assez pour croire que ce ne serait pas à vos yeux une compensation suffisante. Cependant, j'admets les inclinations de cœur qui font accepter sans rougir la richesse, bien que mon fils n'eût jamais obtenu mon consentement pour vous épouser, si votre origine eût été au-dessous de la sienne. Ce sont là, ma fille, des scrupules et des convictions personnelles que je ne prétendrais pas vous imposer, s'il n'y avait pas d'autre obstacle entre vous et les projets inouïs de M. d'Argères ; mais il en existe un si réel, que je ne puis me dispenser de vous en retracer l'importance.

« Vous savez, ma fille, que je n'ai pas la sottise de mépriser les artistes, pas plus que je ne méprise aucune condition honnête. J'ai connu, par rapport à vous, et je vous ai fait connaître des musiciens renommés, entre autres, M. Habeneck, qui était un homme très bien élevé, et qui, en en vous donnant quelques leçons d'accompagnement pour faire plaisir à votre maître de piano, n'a rien voulu recevoir pour prix de sa peine. Cela m'a forcée à l'inviter à dîner, et je ne l'ai pas regretté, en voyant qu'il ne buvait pas comme font la plupart des musiciens, et pouvait parler sur son art d'une manière intéressante. Vous avez désiré qu'on fit de la musique chez nous. J'y répugnais, parce que votre fortune, suffisante ailleurs, ne vous permettait pas d'exercer à Paris une hospitalité bien convenable, et que je craignais un air d'intimité de notre part avec des artistes. J'ai cédé pourtant, et j'ai consenti à de petites réunions où des musiciens choisis, s'attirant les uns les autres, sont venus procurer aux personnes de votre société des moments agréables.

« J'ai eu tort certainement, si vous avez pu conclure de là que ces artistes étaient vos égaux. Je suis répréhensible de n'avoir pas prévu que cette idée germerait tôt ou tard dans une tête que je ne savais pas aussi exaltée qu'elle l'était, ou qu'elle l'est devenue. Mon but était, d'abord, de satisfaire vos goûts et d'y employer des revenus qui étaient vôtres, ensuite de vous faire briller dans un monde d'élite ou vos talents et votre beauté pouvaient vous mettre à même de vous établir plus avantageusement, pécuniairement parlant, que vous n'avez voulu le faire. J'étais, je suis toujours une provinciale, moi; je n'en rougis pas, bien au contraire! Mais je voulais faire de vous une Parisienne, afin de n'avoir pas à me reprocher de vous avoir tenue dans un milieu où l'amour de mon fils vous devînt une sorte de nécessité.

« Eh bien, ma chère Laure, toutes mes précautions ont été déjouées par vous. D'abord vous avez épousé mon fils; ensuite vous avez cru qu'il vous était possible de vous remarier avec un artiste. Voyons, n'est-ce pas là votre pensée dans ces derniers temps? »

— Je sais, maman, répondit Laure, que je voudrais en vain modifier vos idées sur l'inégalité des conditions. Je ne l'entreprendrai pas. Incapable de modifier les miennes, mon respect pour vous m'ordonne de me taire quand vous avez prononcé.

— Alors vous pensez vous retrancher peut-être sur ce que M. d'Argères n'est pas ce qu'on appelle un artiste ? Vous l'essayeriez en vain, ma très chère. Des malheurs que je ne suis pas très disposée à plaindre, puisqu'il avoue avoir perdu sa fortune en dissipations de jeune homme, l'ont réduit volontairement à subir cette dégradation. Je dis volontairement, parce que vous prétendez que sa famille lui a offert une pension pour l'y faire renoncer. J'ai une médiocre opinion, je vous le confesse, d'un homme qui blesse ouvertement celle de ses parents et je préférerais beaucoup pour vous M. d'Argères ruiné, mais fidèle aux convenances de sa caste, que M. Adriani enrichi par le hasard et illustré par son savoir-faire.

« Je sais que nous avons eu dans l'émigration de très grands seigneurs réduits à faire usage de leurs talents d'agrément en pays étrangers. C'est par nécessité qu'ils ont pris ce parti, et ils sont bien excusés par la persécution révolutionnaire ; mais, dans le cas de votre monsieur d'Argères, il n'en est point ainsi. C'est son goût qui l'a poussé au travail, et le travail ne dégrade pas l'homme, mais il le déplace à jamais. Monsieur d'Argères a cessé d'exister pour ses pairs, le jour où il a laissé imprimer sur une affiche de concert ou de spectacle le nom d'Adriani, et à paraître de sa personne, devant des spectateurs payants. Vous pensez qu'il n'a jamais monté sur les tréteaux ? Vous vous trompez, et sa mémoire le trompe lui-même. Je me suis parfaitement rappelé tout à l'heure la manière dont notre grand-cousin, monsieur de Montesclat nous parla de lui, il y a environ trois ans, à son retour de Paris. Lui aussi se pique de flonflons, et il nous dit qu'il n'avait rien entendu de plus parfait dans son voyage qu'un certain Adriani qui avait chanté, je ne sais plus sur quel théâtre, au bénéfice de je ne sais plus quoi... Attendez! c'était au bénéfice des réfugiés italiens. Oui, c'est cela. Triste prétexte ou triste motif, ma fille, qui prouverait que ce monsieur a des opinions fort contraires à celles de votre monde! »

La marquise parla encore longtemps sur ce ton et démontra par a plus b qu'un homme, livré à la critique, l'était à l'insulte: en quoi elle ne se trompait pas beaucoup;

mais, comptant pour rien, ignorant même tout à fait ce que les vocations vraies ordonnent aux artistes de savoir souffrir, elle fit de subtiles distinctions entre l'honneur du gentilhomme, qui peut demander raison à un malotru, et celui de l'artiste, qui ne peut faire tirer l'épée à toute une salle, et qui, pour recevoir l'aumône des applaudissements, s'expose de gaîté de cœur à l'outrage des sifflets. Enfin, elle fut logique à son point de vue, diserte à sa manière, et conclut en suppliant sa belle-fille de lui faire un serment sur l'Évangile: C'est qu'elle renverrait l'artiste le lendemain, après lui avoir ôté radicalement la prétention d'être son mari.

CHAPITRE DOUZIÈME

XII

—

Comme toutes les personnes réfléchies, qui discutent intérieurement, Laure ne discutait jamais en paroles. Elle laissa couler ce flot de réprobation sur la tête d'Adriani, auquel elle s'identifiait dans le sentiment de la résistance; puis, sommée de promettre, elle refusa nettement.

— Non, maman, dit-elle, jamais! Dans la crise de mes plus mortelles douleurs, j'ai failli former des vœux qui maintenant détruiraient vos craintes, mais qui me causeraient des remords. J'aurais volontiers juré, dans ces moments-là, de n'aimer plus jamais ; à présent, je ne suis pas sûre de ne point aimer. Tant que cette affection sera incertaine et incomplète, je suis résolue à éloigner l'homme qui me l'inspire ; mais si, après avoir essayé tour à tour l'effet de sa présence et de son absence, je me sens capable de m'attacher à lui, certaine de ne rencontrer jamais un plus digne objet, j'obéirai à mon cœur. Ce sera pour moi la volonté de Dieu; car, loin d'avoir à me combattre jusqu'à présent, je ne fais autre chose que de lui demander le bienfait de la vie, et si l'amour triomphe de mon abattement, je le recevrai comme on reçoit la grâce. Voilà ma pensée, voilà mes résolutions; je ne vous tromperai jamais. Daignez ne voir aucune résistance personnelle contre vous dans cette résistance de tout mon être à vos opinions.

— Laure! Laure! s'écria la marquise plus émue qu'elle ne l'avait jamais été dans une querelle, vous brisez votre vie et la mienne!

Il y avait une sorte de douleur dans son accent. Laure en fut touchée et, se jetant à genoux devant elle, elle lui prit les mains : — Ma chère tante, lui dit-elle, revenant par instinct à l'habitude de ses jeunes années, ne me retirez pas votre sollicitude, quelque indigne que je vous paraisse. Dieu m'est témoin qu'en vous combattant je vous respecte...

— Ah! vous ne m'avez jamais aimée! dit la marquise surprise par un sentiment de tristesse. Mais ce fut un éclair rapide; elle reprit, avec la froideur de l'insinuation obstinée : — Si vous aviez le moindre attachement pour moi, vous renonceriez à des chimères plutôt que de m'affliger ainsi !

— Oui, oui, dit la jeune femme toujours à ses pieds, je renoncerais à des chimères, mais à une certitude, je ne le dois pas. Écoutez-moi comme une mère ; ce sera la première fois de ma vie que j'aurai essayé de vous attendrir, et, si j'échoue, je n'aurai rien à me reprocher. Vous ne me connaissez pas, vous ne m'avez jamais connue, ou bien c'est vous qui n'aimez pas vos enfants et qui ne pouvez sacrifier aucun de vos principes austères à leur bonheur, à leur existence. Ce n'est point un reproche que je vous adresse; vous avez la grandeur d'une mère spartiate!...

— Dites d'une mère chrétienne, répliqua la marquise. Celle des Machabées vit torturer ses fils et leur prêcha la vraie foi jusque dans les bras de la mort.

— Eh bien! connaissez mes souffrances et voyez mon agonie, répondit Laure avec force; vous ajouterez cette palme à vos triomphes, si vous restez indifférente et inébranlable. Je me meurs, ma mère, je m'éteins, je deviens folle ou idiote, si quelqu'un ne me sauve et ne m'impose, par sa foi et sa volonté, l'amour que je

n'ai plus la force de trouver en moi-même.
J'ai trop souffert, voyez-vous ! j'ai souffert
depuis mon enfance. Vous n'avez jamais
voulu vous douter de cela, vous qui ne
pouvez pas souffrir! Vous n'avez jamais vu
que je mourais, enfant, de la mort de ma
mère. Jamais vous n'avez eu une larme
pour celle qui était votre sœur, et cette insensibilité ou cette force faisait de vous,
à mes yeux, un objet d'épouvante, une
puissance incompréhensible. Quand vous
me faisiez dire mes prières, à genoux devant vous, comme m'y voilà encore, les
sanglots m'étouffaient. Vous preniez mon
mouchoir, vous le passiez rudement sur
ma figure inondée, et vous me disiez :

« Ne pleurez pas, enfant; c'est mal, puisque votre mère est au ciel! » Vous aviez raison; mais les enfants ont besoin de tendresse. C'est leur religion, à eux, et vous m'eussiez fait plus de bien en me pressant sur votre cœur et en mêlant une de vos larmes aux miennes, qu'en brisant mes genoux et en écrasant ma sensibilité dans la prière. Vous n'avez jamais eu pour moi la douce assistance de la pitié, plus féconde, croyez-moi, que les remontrances du courage. On ne fortifie qu'en aidant, en prenant sur soi une part du fardeau des affligés. Vous me laissiez tout porter en me criant: « Délivre-toi toi-même! » Oh! jamais une caresse! jamais une plainte!

Aussi n'étais-je pas exigeante en fait de commisération, et quand Octave me disait : « Viens jouer, ma *pauvre* Laure ! » je le suivais sans résistance et je renfermais ma tristesse pour ne pas la lui faire partager. Tout est là, voyez-vous ! Quand on est aimant, on ne trouve sa propre énergie que dans le désir de complaire aux autres. Abandonné à soi-même et certain de souffrir seul, on succombe ! Quand on a bien reconnu que les encouragements de la froide raison n'expriment que l'impatience et la lassitude de voir souffrir, on apprend à se contenir ; on prend l'extérieur de la résignation et on se dévore soi-même.

« Voilà ce que vous avez fait de moi ! un

être tranquille et silencieux, qui vit au dedans et qui est forcé d'éclater ou de périr.

« Et pendant mon long amour pour Octave, n'avez-vous pas travaillé sans relâche à m'ôter le seul rêve de bonheur auquel je me fusse attachée? C'est votre résistance qui a fait la force et la durée de cet amour. Pendant mon union avec lui, vous m'avez vu souffrir d'une terreur affreuse ; quelquefois j'ai osé vous dire : « Je crois qu'il ne m'aime pas! » Il m'aimait pourtant ; mais il n'était pas tout entier à l'affection, et la vie d'intérieur lui était impossible. C'est vous qui l'aviez formé à ce mépris du foyer domestique, ne redoutant pour lui aucun danger, n'admettant pas que la société d'un fils ou d'un époux fût nécessaire à sa mère ou à sa femme ! Mes inquiétudes pour sa vie vous faisaient sourire, et quant à celles qui avaient son amour pour objet, vous me répondiez : « Il n'a point de maîtresse ailleurs ; il a des principes religieux, donc il vous aime, et si vous n'êtes pas heureuse, c'est que vous rêvez des sentiments romanesques que n'admet point la sainteté du mariage. »

« Eh bien ! vous êtes peut-être dans la réalité, vous avez peut-être l'appréciation juste de la fatalité qui préside aux destinées humaines! Mais vous acceptez son arrêt sans effort, et moi, je ne le peux pas, non, tenez, ma mère, je ne le peux pas! Je ne vous demandais plus qu'une chose : c'était de me laisser pleurer mon mari toute seule, là, dans un coin, de savourer ma douleur jusqu'à ce qu'elle fût épuisée. Vous ne l'avez pas voulu. Dès le lendemain d'une catastrophe effroyable, vous m'avez reproché d'être sourde aux compliments de condoléance de votre innombrable famille. Il fallait, au retour de la cérémonie funèbre, faire les honneurs d'un repas : votre famille avait faim! Puis, tous les jours, des visites du matin jusqu'à la nuit ! Il fallait écouter ces odieuses questions de l'oisiveté curieuse ou de la pitié sans délicatesse, entendre vos parents se faire les uns aux autres le récit de l'événement, l'horrible description des blessures !... Vous pouviez affronter tout cela et dire à toutes choses : « La volonté de Dieu soit faite ! » Moi, je fuyais, je m'enfermais, j'étouffais mes cris.

« Toinette m'a gardée évanouie ou égarée des nuits entières. Et quand je me traînais dans votre salon, vous ne me pardonniez pas une distraction, une méprise de noms ou de personnes, qui ne pouvait être taxée d'impolitesse que par des amis sans cœur et des parents sans entrailles. Eh bien! vous m'avez réduite à un tel état de contrainte morale, que je me suis sentie, un jour, abrutie et comme retombée en enfance. C'est alors que je me suis éloignée de vous pour respirer, pour tâcher de reprendre mes esprits. Je n'avais pas de but devant moi; je m'en allais au hasard. J'ai trouvé sur mon chemin une pauvre maison bien laide qui m'appartenait, où j'avais le droit de m'appartenir moi-même, de m'enfermer, de me faire oublier. L'amour d'un homme généreux et tendre est venu m'y trouver. J'ai cru que je ne pourrais y répondre. Par respect pour lui, je suis venue reprendre ma chaîne, croyant qu'il m'oublierait. Il m'a suivie, il est là, il dit que je l'aimerai, il veut que je l'aime. Il attendra que je le connaisse, que je l'apprécie ; il accepte toutes les épreuves, tous les retards, et je le repousserais sans l'entendre ! et je renoncerais à ma dernière chance de salut ! Pourquoi ? Pour ne pas choquer des préjugés que je ne partage pas ?

« Vous vous trompez cependant en croyant que je suis infatuée d'idées nouvelles et que je porte de l'exaltation dans ma résistance. Hélas ! est-ce que j'ai des idées, moi ? Est-ce que, élevée comme je l'ai été, et ne vivant d'ailleurs que pour Octave, je me suis jamais demandé ce que c'était qu'une mésalliance? Jamais je n'ai si bien compris l'injustice et l'erreur des opinions que vous défendez que depuis une heure que je vous écoute. Je ne les eusse peut-être jamais réprouvées si mon cœur, qui s'éveille et s'agite, ne me faisait entendre des vérités plus persuasives, plus chrétiennes et plus humaines que les vôtres. Vous me croyez impie ! Non, ma mère, je ne suis pas impie. Je crois autant que vous à la loi de l'Évangile, mais je la comprends autrement. J'y vois une doctrine toute de tendresse, de dévoûment et d'humilité, qui m'ordonne d'aimer autrement qu'en vue des vanités et des ambitions de ce monde. »

Laure s'arrêta, épuisée, et chercha dans les yeux de sa belle-mère l'émotion qui remplissait son âme et sa voix. Elle n'y trouva qu'une incrédulité profonde, une sorte de raillerie muette qui était l'athéisme du fanatisme. Qu'on nous passe cette antithèse, paradoxale en apparence. Le fanatique n'aime Dieu qu'en Dieu et en dehors de l'humanité. Il oublie ou il ignore que nous sommes tous formés de son essence, animés de sa vie, et que compter pour rien nos malheurs et nos droits, c'est remettre le *Christ en croix* dans la personne de l'humanité.

La marquise ne répondit à aucun des

reproches de sa belle-fille. Elle n'en tint aucun compte. Elle les accepta même comme des éloges, comme une justice qui lui était rendue. En les lui adressant, Laure savait bien qu'elle n'en serait pas blessée.

Elle n'avait pas non plus espéré la fléchir : elle la connaissait trop bien. Elle avait voulu s'expliquer, se formuler une fois pour toutes.

La marquise se leva et la laissa à genoux. Laure dut se relever d'elle-même sans avoir obtenu la plus légère marque de tendresse ou d'indulgence.

— Vous êtes fort éloquente, ma fille, dit la marquise, et je comprends le prestige que vous pouvez exercer sur des imaginations vives ; mais la mienne n'est pas de ce nombre, et je ne prends pas le réveil de vos sens pour un besoin tout à fait divin de votre âme.

— Assez, madame, assez ! dit Laure indignée. Ne m'aimez pas, j'y consens ; mais ne m'insultez pas, je ne le mérite point.

— Vous insulter, ma fille ! Dieu m'en garde ! Il n'y a rien là que de fort naturel et même de légitime, quand un mariage bien assorti et d'un bon exemple sanctionne nos désirs et termine les ennuis du veuvage. Mais nous sommes coupables quand nous cédons à l'inquiétude des passions, sans égard pour le respect que nous nous devons à nous-mêmes. Vous seriez dans ce cas, si vous me refusiez la promesse que j'ai réclamée de vous tout à l'heure.

— Je vous la refuse encore.

— Vous y penserez cette nuit, et, demain, comme vos tantes de Roqueforte et de Roquebrune viennent passer ici la journée avec leurs enfants, j'espère que vous m'épargnerez la honte et l'embarras de leur présenter monsieur Adriani.

— Et s'il en était autrement, madame? si je le leur présentais moi-même?

— Oh! libre à vous, ma fille! dit la marquise avec un sourire effrayant, car c'était le premier depuis la mort de son fils, et il ressemblait à une malédiction. Vous êtes maîtresse de vos actions, et je n'ai ni le droit ni l'envie de vous imposer un deuil éternel. Vous le savez, je suis désintéressée pour mon fils mort, comme je l'ai été pour mon fils vivant. Mais, comme mes devoirs vis-à-vis du reste de ma famille subsisteront tant que je serai de ce monde, il ne me convient pas de les enfreindre pour vous faire plaisir. Aucune puissance humaine ne me décidera à faire à mes parents l'affront de les éloigner d'ici, et la pire des insultes serait de leur annoncer la possibilité de leur alliance avec un chanteur. Vous y réfléchirez donc et vous choisirez. Ou monsieur Adriani ne sera plus ici demain à midi, ou c'est moi qui sortirai de votre maison pour n'y jamais rentrer.

Laure s'approcha de sa belle-mère, prit sa main et la baisa avec une froideur égale à la sienne, en lui disant : Non, ma mère, vous ne sortirez pas d'ici ; vous ne quitterez pas une maison qui est devenue la vôtre et où la tombe de votre fils vous attache pour jamais.

Elle sortit sans s'expliquer davantage, passa dans sa chambre et écrivit à Adriani :

— Partez, mon ami, pour que ma belle-mère ne parte pas. Je lui dois ici le sacrifice de ma propre satisfaction, mais je vous ai promis quelques jours. Partez ce soir pour Mauzères, je partirai demain pour le Temple. »

Toinette porta ce billet à Adriani sans savoir ce qu'il contenait. Adriani n'eut pas une hésitation, pas un doute. Il partit sans dire un mot. La marquise dîna de bon appétit. Ce fut toute la satisfaction qu'elle exprima à sa belle-fille. Le lendemain, lorsqu'elle s'éveilla (et elle était fort matinale), elle apprit que Laure et Toinette étaient parties dans la nuit sans rien dire à personne.

La tante de Roqueforte et la tante de Roquebrune, la cousine de Miremagne et le cousin de Montesclat arrivèrent fort exactement à midi, avec une nuée de petits cousins bruyants et de petites cousines endimanchées. Tout ce monde, qui accourait pour saluer le retour de *madame Octave*, fut plus ou moins désappointé, mais surtout intrigué d'apprendre qu'elle était déjà repartie.

Dans un milieu moins intime, la marquise eût pu expliquer ce mystère par la classique défaite des affaires de famille ; mais ni les Larnac ni les Monteluz ne pouvaient avoir des intérêts cachés pour les deux ou trois cents personnes qui, de près ou de loin, réclamaient leur confiance à titre de parents. La curiosité des provinciaux est ardente et naïve. Accablée de questions, la marquise prit le parti de dire ce qu'elle croyait de bonne foi être la vérité.

— Écoutez, dit-elle, je ne peux ni ne veux vous tromper ; mais pour le repos et la considération de la famille, il faut que ceci reste entre nous et ne devienne pas la pâture du pays. Que le peuple et la bourgeoisie croient donc que madame Octave a de graves affaires dans le Vivarais. C'est un devoir pour vous tous de parler ainsi.

— Sans doute, sans doute, dit la tante de Roqueforte ; nous comprenons bien qu'il y a autre chose, et c'est...

— C'est ce qu'il y a de plus triste au monde, reprit la marquise. Ma belle-fille est folle !

Là-dessus elle raconta comme quoi, *sans motifs appréciables à la raison humaine,* Laure, après être partie pour voyager, était revenue, au moment où elle annonçait dans ses lettres l'intention de prolonger son absence; comme quoi elle était arrivée, l'avant-veille, à Larnac, avec l'intention apparente d'y rester, et comme quoi elle était repartie au bout de vingt-quatre heures, sans s'expliquer aucunement. Tout me porte à croire, ajoutait la marquise, qu'elle a pris goût à sa petite propriété dans l'Ardèche, et qu'elle a la fantaisie d'y faire bâtir, pour passer les étés dans un climat moins chaud que le nôtre. Dans tout cela, je ne vois rien à blâmer, sinon le silence qu'elle garde sur ses projets; mais cela même ne saurait m'offenser, puisque la pauvre créature ne sait pas trop elle-même ce qu'elle veut, et que l'air distrait et presque égaré que vous lui avez vu par moments, est maintenant sa physionomie habituelle. J'attendrai de savoir où elle est pour aviser à ce que je dois faire. Si son mal augmente au point que mes soins lui soient nécessaires, je tâcherai de la ramener ici, ou bien la suivrai où elle souhaitera que je la suive. Me voilà donc parmi vous comme l'oiseau sur la branche, et attendant, en ceci, comme en toutes choses, la volonté de Dieu!

Il ne fut point question d'Adriani. On sut, au bout de quelques jours, qu'un inconnu avait fait une visite aux dames de Larnac; mais on n'apprit sur cette visite rien d'assez particulier pour la faire coïncider avec le départ subit de Laure. La marquise répondit sur ce point de manière à écarter toute idée de rapprochement, et dit qu'elle croyait avoir reçu ce jour-là les offres d'un commis-voyageur dont elle ne savait même pas le nom.

TROISIÈME PARTIE

—

CHAPITRE TREIZIÈME

XIII

Journal de Comtois.

Mauzères, 10 septembre 18..

J'avais bien raison de penser que j'aurais du désagrément avec mon artiste. Ce n'est pas qu'il soit mauvais garçon : c'est, au contraire, un bien bon enfant, et que je considère comme un vrai camarade.

Mais tous les artistes sont, ou des toqués, ou des canailles. Le mien est dans les toqués. Il me fait valter de Mauzères à Vaucluse, et de Vaucluse à Mauzères, le temps de défaire sa valise, de brosser son habit et de refaire sa valise. Par bonheur que je m'étais dépêché d'aller voir la fontaine de M. de Pétrarque, sans quoi je ne l'aurais pas vue. Si ce n'est que je crois qu'il a de l'amitié pour moi, je me demanderais pourquoi il me garde, car je ne lui sers qu'à le raser, et encore faut-il que je le guette pour l'empêcher de se raser lui-même. Je pense bien qu'il n'a pas toujours eu le moyen de se faire servir et qu'il n'en a pas l'habitude. Mais il paraît bien qu'il a celle de courir et d'échiner son monde, car je suis sur les dents, qui, par parenthèse, me font toujours bien mal.

Narration.

Adriani reçut, à Valence, un nouveau billet de Laure. « Ne soyez pas inquiet, lui disait-elle, je suis en route ; mais la pauvre Toinette a une de ces migraines violentes qui exigent vingt-quatre heures de repos. Je la soigne, afin d'arriver plus vite. Je serai au Temple mardi soir. »

Adriani avait donc trente-six heures d'avance sur Laure. Il les mit à profit pour lui ménager une surprise. Il s'arrêta une matinée à Valence et mit à contribution tous les magasins de la ville pour se procurer des meubles, des rideaux, des vases d'ornements, des tapis, tout ce qu'il put trouver de moins pacotille, dans la pacotille que Paris fournit à la province. Comtois eut l'esprit de découvrir un *bric-à-brac* où son maître fit main basse sur d'assez belles choses. En cette circonstance, Comtois, malgré son éternel mal de dents, sut se rendre utile. Il marchanda, paya, fit emballer et charger les *colis*, et fit gagner beaucoup de temps par l'ordre qu'il apporta dans ces détails. Adriani voulait aussi des fleurs. Comtois courut d'un côté, tandis qu'il courait de l'autre, et les pépiniéristes des faubourgs livrèrent des caisses d'orangers et de grenadiers en fleur, des lauriers-roses, des dahlias, des héliotropes, des verveines, enfin ce qu'on peut trouver à peu près partout maintenant, mais en assez grande quantité pour rajeunir l'aspect du triste jardin du Temple.

Un bateau prit ce chargement et Adriani gagna Tournon pour disposer aussitôt les moyens de transport par terre sans interruption.

Presque tout arriva sans encombre. L'artiste et son valet de chambre, aidés d'ouvriers pris à la journée, arrangèrent à la hâte le pauvre manoir dont Laure avait subi la laideur et l'incommodité avec tant d'indifférence. Il y eut bien des rideaux trop longs, des tentures mal ajustées, mais les murs noircis du rez-de-chaussée disparurent sous les étoffes, et le carreau disjoint sous les tapis. Les orties, qui croissaient jusqu'au seuil du vestibule, furent arrachées. Le sable s'étendit partout aux abords de la maison. Les caisses d'arbustes furent disposées en massifs d'un aspect agréable, les plates-bandes reçurent les pots de fleurs. De grands vases de terre cuite d'une forme assez heureuse meublèrent de fleurs les coins du salon et les embrasures des fenêtres. Des candélabres et des lustres de même matière et d'une égale simplicité, mais dont le ton de glaise se mariait bien aux guirlandes de lierre qu'Adriani y enroula lui-même, prirent ce sentiment de la grâce que l'artiste sait donner aux moindres choses. Enfin, dans l'espace d'un jour, tout fut transformé comme par enchantement dans la demeure de Laure, et les ouvriers furent congédiés au coucher du soleil, afin qu'elle y trouvât la solitude et le silence qu'elle aimait.

Comtois resta le dernier pour épousseter, pour enlever les brins de mousse et les feuilles de roses restées sur le tapis, pour allumer le feu parfumé de branches résineuses, pour donner aux draperies le coup de main du maître. Puis il se retira, assez satisfait des éloges d'Adriani, pour aller coucher à Mauzères et y annoncer son maître, qui n'avait pas encore pris le temps de s'y montrer. Pourtant Comtois, qui avait l'habitude de se plaindre, se plaignit dans son journal, comme on l'a vu au commencement de ce chapitre, d'être éreinté et de n'avoir rien à faire. Il ne fit aucune mention des embellissements du Temple. Ayant deviné très au-delà de la vérité, et commençant à ressentir pour *son artiste* une sorte d'attachement, il ne voulut pas gloser davantage sur ses amours. En outre, Comtois comptait pour rien d'avoir travaillé comme un nègre toute la journée, et ce qu'il appelait être utile à son maître eût consisté, selon lui, en dorlotteries à sa personne, accompagnées de *conversations intéressantes*. La conversation était le rêve de Comtois, et toute préoccupation contraire de la part de ses maîtres lui paraissait constituer le délit d'ingratitude.

Quand Adriani se trouva seul dans le petit salon rajeuni et parfumé du Temple, il essaya le piano, qu'il avait fait tirer de sa caisse et replacer au centre de l'appartement. Le local était devenu moins sonore; le chant, plus voilé, semblait plus intime et plus mystérieux. Puis, accablé de fatigue, l'artiste se jeta sur une chaise dans un coin. Il ne voulait pas fouler le premier le divan de velours réservé à Laure. Il regardait l'ensemble de son ornementation, que vingt bougies allumées rendaient plus gaie. Il se rappelait le moment où il était entré en ce lieu après la fuite de Laure, et, comparant l'effroi et la détresse qu'il y avait éprouvés, à l'espoir et à la joie qu'il y apportait maintenant, il regardait dans cette vie de quatre ou cinq jours comme dans un rêve.

— Et si elle n'arrivait pas! se dit-il tout

à coup ; si c'était elle qui fût malade!.. un accident en voyage... non! mais la volonté de sa belle-mère, des ménagements, des devoirs...

Il imagina tout plutôt qu'un manque de foi ; mais une terreur vague s'emparait de lui à chaque minute qui s'écoulait. Enfin, vers neuf heures, il entendit le roulement lointain d'une voiture. Il s'élança dehors.

Laure arrivait en effet. Elle avait trouvé au relais de poste les mulets de sa ferme conduits par le vieux Ladouze, qu'Adriani avait envoyé d'avance à sa rencontre pour la mener par la traverse inévitable. S'il en eût eu le temps, Adriani aurait fait faire un chemin.

La surprise de Laure fut bien vive et bien douce quand elle vit le miracle accompli dans sa demeure. Quelques jours auparavant, elle ne s'en serait peut-être pas aperçue ; mais elle vit tout par les yeux du cœur. Aucune prévoyance, aucune recherche ne lui échappa. En entrant dans le salon et en voyant le piano ouvert, elle chercha des yeux l'enchanteur.

— Où est-il donc? s'écria-t-elle.

— Monsieur... monsieur Chose? lui dit

Mariotte, qui ne pouvait retenir aucun nom ; il était là tout à l'heure, et il a bien travaillé toute la journée pour faire arranger tout ce que madame avait été acheter à la ville. Il a dit bien des fois : « Tâchez que madame soit contente ! » Il s'est occupé de tout, même du souper qui attend madame ; mais il m'a dit de ne mettre que deux couverts et il est parti ; mais voilà ce qu'il m'a donné pour madame.

C'était un billet.

« Laure, lui disait-il, quand vous daignerez me recevoir, envoyez Mariotte par le sentier des vignes. »

— Tout de suite, dit Laure à Mariotte, courez ! Et toi, chère Toinette, mets un troisième couvert.

Mariotte n'alla pas loin, Adriani attendait à l'entrée de la première vigne. Il n'exigeait pas, dans sa pensée, d'être appelé si vite ; mais, du revers du coteau, il écoutait le doux bruit de l'arrivée de sa maîtresse, et il contemplait avec délices la petite lueur que l'éclairage de la maison faisait monter derrière les pampres noirs au sommet du ravin. Il se rappelait que si, le lendemain de son arrivée à Mauzères, il n'eût remarqué cette lueur et demandé à un garde-chasse si c'était le lever de la lune, il n'eût peut-être jamais connu Laure. C'était la réponse de cet homme qui lui avait fait ralentir le pas et entendre la voix pénétrante de la désolée.

Combien de fois, depuis, Adriani, en prenant ou en évitant le sentier, avait interrogé ce point rapproché de l'horizon, pour savoir si l'on dormait ou si l'on veillait au Temple? Bien peu de fois en réalité, puisque si peu de jours séparaient l'envahissement de cet amour de sa première éclosion ; mais ces jours d'enivrement sont si pleins qu'ils semblent résumer des siècles.

Jusque-là la maison, peu éclairée, s'était signalée quelquefois à l'approche d'Adriani par un reflet si faible, que, pour des yeux indifférents, il eût été insaisissable. En ce moment elle brillait comme un phare, malgré les rideaux dont il l'avait en quelque sorte voilée ; mais le feu de la cuisine de Mariotte projetait sa lueur aux alentours, et c'était comme un heureux présage dans le ciel, comme une fanfare de vie dans l'habitation.

Adriani bondit de joie en voyant arriver Mariotte. Surprise dans l'obscurité, elle poussa un cri si vigoureusement accentué que Laure l'entendit du salon, et facilement frappée de l'attente de quelque catastrophe comme celle qui lui avait enlevé Octave, elle sortit et courut impétueusement à la rencontre d'Adriani.

C'était la première fois depuis trois ans qu'elle éprouvait une émotion vive, produite par un fait extérieur, et que son corps engourdi reprenait le mouvement de la course. Elle tomba essoufflée, tremblante, dans les bras d'Adriani, mais rajeunie, en fait, des cent ans de langueur qui s'étaient amassés sur sa tête.

Ce fut, relativement au passé, le plus doux moment de la vie de l'artiste. Laure, revenue de son effroi, pleura, mais c'était de joie. Elle entraîna, d'un pas rapide,

Adriani au salon. Elle regarda et admira tout naïvement, appuyée sur son bras, et s'extasiant comme eût fait une provinciale, mais comprenant comme une artiste en quoi le goût avait triomphé du manque d'éléments de luxe. Elle voulut voir aux flambeaux le parterre improvisé autour de la maison, et quand Mariotte annonça que le souper était servi, elle admira encore toutes les petites merveilles qui avaient rendu la salle à manger presque élégante et l'aspect de la table moins cénobitique. Comtois avait dépisté, chez le bric-à-brac de Valence, un service à peu près complet en vieille faïence ornée, très belle, et quelques autres objets provenant, selon toute apparence, de la saisie ou du pillage de quelque mobilier seigneurial à l'époque révolutionnaire. Mariotte avait lavé, frotté et un peu cassé toute la journée. En somme, la petite salle était riante, éclairée, séchée. Des bandes d'indienne à fleurs roses, attachées aux murs par quelques clous plantés à la hâte dans les corniches, cachaient l'affreux papier jaune d'ocre en lambeaux, et donnaient l'air de fraîcheur et de propreté qui est, en somme, le seul luxe nécessaire.

C'était toute une révolution dans la vie d'une femme qui, naguère, n'eût pas songé à faire replacer une vitre dont l'absence l'enrhumait à son insu, que d'accepter avec plaisir ce retour aux délicatesses de la vie. Les délicatesses de l'âme, dont celles de ce bien-être matériel étaient l'expression, touchaient profondément aussi cette veuve dont l'époux rude, lourd et stoïque avait raillé et presque méprisé les tendres prévenances. Adriani donnait à Laure le genre de soins qu'elle avait offerts en vain à Octave. Il aimait donc comme elle comprenait qu'on dût aimer.

Laure eut comme un attendrissement enjoué pendant le souper. Elle avait l'esprit aussi libre, aussi présent, que si elle n'eût jamais senti les atteintes d'une paralysie morale. Elle ne ressentait aucune fatigue de son voyage. Cependant elle était réellement fatiguée, et, pendant le dessert, la joue appuyée sur sa main, l'œil appesanti sous ses longues paupières, la bouche rosée et souriante, elle s'assoupit au son de la voix d'Adriani qui causait gaîment avec Toinette.

— Ah! mon cher enfant, dit la pauvre Muiron en baissant la voix, que de folies vous nous faites faire! Mais aussi que de miracles vous savez faire! Si la marquise nous voyait là, tous trois, je crois que ses grands yeux d'émail nous changeraient en statues; mais, après tout, quoi qu'elle dise et quoi qu'il arrive, j'ai tant de joie de voir ma Laure guérie, que je danserais si je n'avais peur de la réveiller. Car elle dort, monsieur! Et voilà une chose qui ne lui est pas arrivée depuis son malheur, de s'assoupir avant trois ou quatre heures du matin! Si elle dort toute une nuit, je dirai que vous êtes un magicien. Et voyez donc comme elle est belle! comme elle a l'air heureux! Elle a sa figure d'enfant. Elle était jolie comme cela dans son berceau. Ah! tenez, si elle se met véritablement à vous aimer, vous serez bien tout ce qu'il vous plaira, prince ou baladin, mais je vous aimerai aussi de toute mon âme pour me l'avoir sauvée.

La Muiron dit encore à Adriani bien des choses encourageantes. Elle lui raconta que la marquise avait déjà mainte fois tourmenté Laure depuis un an pour l'engager, non pas à se marier tout de suite, mais à en accepter l'idée, et elle l'avait fait obséder des hommages de plusieurs prétendants plus ou moins désagréables. Il y en avait eu pourtant deux *fort bien*, disait Toinette : jeunes, riches, aussi beaux garçons qu'Octave et plus civilisés. Laure avait été révoltée, indignée intérieurement de leurs prétentions. Elle les avait découragés dès le premier jour. Aussi, je désespérais de la voir jamais se consoler, ajoutait Toinette; je me demandais quel *demi-dieu* il fallait être pour lui ouvrir les yeux, et si vous y réussissez, je me dirai que vous êtes un dieu tout entier.

Lorsque Toinette sut, peu à peu, l'histoire d'Adriani, elle ne combattit plus ses espérances par d'inutiles appréhensions. Elle souhaita vivement que les préjugés de la marquise fussent comptés pour rien, et son rôle se concentra dans celui d'avocat et de panégyriste enthousiaste du jeune artiste auprès de sa maîtresse.

Des jours heureux, mais trop vite troublés, se levèrent sur la destinée d'Adriani. Laure lui avait fait promettre de ne lui adresser aucune question sur l'avenir pendant toute la semaine qu'elle venait lui consacrer. Elle consentait à l'écouter plaider la cause de son amour, à mettre sa soumission et son dévoûment de tous les instants à l'épreuve. Était-elle encore incertaine au-dedans d'elle-même? Pouvait-elle résister à tant d'éloquence vraie, à tant d'attentions exquises, à tant de respects et de charmes d'intimité, que l'artiste sut mettre au service de sa passion? Et si elle n'y résistait plus intérieurement, si elle prenait confiance en elle-même, si elle associait son avenir au sien, pourquoi tardait-elle à le lui dire? Parfois Adriani, dont l'âme jeune et bouillante avait peine à s'identifier aux accablements de cette âme éprouvée, s'imagina que Laure obéissait à un instinct de coquetterie légitime et retardait sa joie pour lui en faire sentir le prix. Il en fut heureux et fier : cette douce et naïve fierté de Laure lui semblait le réveil de la nature dans le cœur de la femme.

Mais il n'en était point encore ainsi. Laure était plus parfaite et moins heureuse qu'elle ne semblait. Elle ne faisait ni désirer ni attendre, elle attendait, elle désirait encore elle-même le réveil complet de son être. Il y avait en elle une ténacité singulière et difficile à vaincre, pour une situation donnée dans la vie morale. Aveuglément dévouée dans ses affections, elle savait si bien ne pouvoir plus se reprendre, qu'elle était réellement tremblante à la pensée de se donner. Elle se faisait de l'amour partagé, une si haute idée, qu'elle avait comme une terreur religieuse à l'entrée du sanctuaire. Plus jalouse d'elle-même qu'Adriani ne se sentait fondé à l'être, elle craignait d'apercevoir dans ses souvenirs l'ombre d'Octave la disputant à un nouvel amour. Et comme chaque jour atténuait cette image pour grandir celle d'Adriani ; comme chaque point de comparaison était à l'avantage triomphant et incontestable de ce dernier, elle se disait que, plus elle attendrait, plus elle serait digne de lui. Elle eût regardé comme un crime, envers cet amant si abandonné à son empire, de récompenser tant de flamme pure par une tendresse équivoque ou insuffisante. Non, non, lui dit-elle à la fin de la semaine promise, je ne veux pas vous aimer à demi. Une passion qui n'est pas payée par une passion équivalente est un supplice. A Dieu ne plaise que je vous le fasse connaître! Attendons encore. Ne sommes-nous pas bien ici?

Adriani, qui craignait qu'elle ne parlât de séparation, la remercia avec ivresse. Elle prit son bras et lui dit :

— Sortons de l'enclos; vous me l'avez fait si joli et si précieux que je m'y trouve bien ; mais je me souviens maintenant de m'y être enfermée volontairement par suite de je ne sais qu'elle manie monastique. Je veux secouer toutes ces lâches fantaisies. Venez, nous prendrons possession ensemble de ces collines où je ne me suis encore promenée qu'avec les yeux.

En marchant, elle admira avec lui, au coucher du soleil, la beauté du pays environnant, et, du sommet d'une éminence, elle vit les tourelles de Mauzères.

— Cela me paraît bien joli, lui dit-elle, et c'est si près ! Ah ! pourquoi cela n'est-il pas à vous ! nous pourrions passer l'automne dans ce pays. Nous nous verrions, comme à présent, tous les jours, sans scandaliser personne, et je crois que nulle part ailleurs nous ne serions aussi libres. Je ne crains pas l'opinion, moi, et je saurais la braver s'il le fallait; mais je n'aime pas les agressions inutiles et qui semblent provoquer l'attention. Le bonheur n'est pas arrogant. Il sait bien qu'on le jalouse et qu'il humilie ceux qui n'ont pas su le trouver. Le mien aimerait à se cacher, non par lâcheté, mais par modestie.

Mauzères sera à moi, se dit Adriani.

Dès le soir même, en se retrouvant auprès du baron, il amena la conversation avec lui sur les agréments de sa propriété, feignant de s'intéresser beaucoup aux questions agricoles et domestiques qui partageaient sa vie avec le *commerce des Muses*.

Le baron tira de son sein un de ces problématique soupirs qui n'appartiennent qu'aux propriétaires, et lui dit : « Hélas! mon ami, tout cela est bel et bon ; mais le proverbe dit vrai : Qui a terre a guerre ! Vous me croyez ici le plus heureux des hommes ; eh bien! si je trouvais de ma propriété ce qu'elle vaut (je ne dis pas ce qu'elle m'a coûté en embellissements et réparations), je bénirais l'acquéreur qui me débarrasserait de mes soucis. »

Le baron hésita un peu avant de continuer; mais voyant qu'Adriani l'écoutait avec intérêt. — Je vais vous confier ma position comme à un ami, lui dit-il : je dois presque autant que je possède.

— Quoi, vous si sage ! dit Adriani en souriant.

— Mon cher enfant, la poésie est un goût ruineux! vous l'ignorez, vous qui cumulez l'ode et le chant; mais sachez que les vers ne se vendent point et que les succès purement littéraires coûtent à un homme la bourse et la vie. Mes poèmes sont lus, mais si peu achetés qu'il m'a fallu faire tous les frais de publication, lesquels ne me sont jamais rentrés. Je n'ai pas voulu, en les offrant aux éditeurs, mettre ma renommée à la merci de leurs intérêts. J'ai beaucoup écrit, beaucoup imprimé, ne m'inquiétant pas d'encombrer la boutique des libraires, pourvu que la critique et le public fussent tenus en haleine, et que mon nom se fît au prix de ma fortune. Je ne m'en repens pas. J'ai préféré l'art à la richesse. N'ayant, Dieu merci, femme ni enfants, quel plus noble usage pouvais-je faire de mes biens que de les répandre dans mon hippocrène? J'aimais aussi le commerce des lettrés. J'ai vécu à Paris, j'ai ouvert un salon, j'ai donné des dîners, des soirées littéraires.

J'ai rendu des services aux artistes; j'ai voyagé pour retremper mon inspiration et pouvoir chanter *ex professo* les merveilles de la nature et des antiques civilisations. Que vous dirai-je? on m'a cru riche parce que j'ai mangé mon fonds avec mon revenu et que j'ai eu la libéralité des vrais riches. Je n'avais pourtant qu'une fortune médiocre, et le peu qui m'en reste est grevé d'hypothèques; je vis encore honorablement; mais chaque année fait la boule de neige, et je serai bientôt forcé de vendre Mauzères, qui est tout ce que j'ai, pour payer le capital et les intérêts arriérés de mes dettes.

— Eh bien ! vendez Mauzères sans attendre que le mal empire.

— Sans doute, sans doute! il faudrait le pouvoir !

— Qui vous en empêche?

— Ma fâcheuse position, qui est enfin connue dans le pays et qui fait qu'on attend le jour de l'expropriation pour acheter à meilleur compte. Et puis la baisse de prix que des intempéries particulières et des mortalités de bestiaux ont amenée dans nos localités et qui est si considérable que je me trouverais réduit à néant. Par exemple, Mauzères vaut trois cent mille francs; je ne le vendrais peut-être pas cent cinquante mille cette année. Je serais littéralement sans pain, puisque, devant deux cent mille francs, je n'aurais pas même de quoi désintéresser mes créanciers. C'est grave, je ne suis plus jeune, et s'il me fallait subir l'humiliation des poursuites, je me brûlerais la cervelle.

— Ainsi, en vendant Mauzères aujourd'hui trois cent mille francs, si cela était possible, vous auriez encore cent mille francs pour vivre ?

— Je m'estimerais fort heureux, car, avec les intérêts, dont je paye seulement une partie, je n'ai pas le revenu de cette somme.

— Eh bien, mon ami, voulez-vous me vendre Mauzères ?

— A vous, mon cher Adriani? Non. Pour la moitié de la somme qu'il me faudrait, vous trouverez en ce moment vingt propriétés dans ce pays-ci, qui seront de la même valeur.

— N'importe, dit Adriani, j'aime Mauzères et je paye la convenance : c'est rationnel et légitime.

— Vous me sauvez! s'écria le baron. Mais il eut un scrupule d'honnête homme et se ravisa. — Non, non! reprit-il; je ne dois pas vous laisser faire cette folie! vous avez deux motifs pour la faire : votre amour d'abord, je le devine de reste ; et puis, la généreuse idée de sauver un ami !

— Ce sont deux excellents motifs, et je n'en connais pas de meilleurs sur la terre. N'en ayez pas de scrupule : Mauzères vaut, en dehors de votre position précaire et d'un moment de crise particulière à cette province, trois cent mille francs.

— Sur l'honneur !

— Vous l'avez dit, cela me suffit sans aucun serment de votre part ; je ne vous interroge plus, je raisonne. Je dis donc que, dans deux ou trois ans (avant peut-être), cet immeuble aura recouvré toute sa valeur. Je ne serai donc point lésé, et le service que je vous rends peut être considéré comme une simple avance de fonds. Aimez-vous cette résidence ? restez-y, et permettez-moi seulement de vous la solder et d'y demeurer avec vous.

— Non, non ! dit le baron. Je brûle de vivre à Paris, je me rouille, je m'étiole ici. Oh! mes cinq mille livres de rente et Paris, voilà mon rêve depuis dix ans!

Il y eut cependant encore un certain combat de délicatesse entre les deux amis. Adriani insista si bien que le baron céda et laissa voir autant d'empressement pour vendre qu'Adriani en éprouvait pour acheter.

CHAPITRE QUATORZIÈME

XIV

—

Dès le lendemain, Adriani et monsieur de West se rendirent à Tournon chez M. Bosquet, banquier et ami de celui-ci, qui, sur les preuves de solvabilité que lui fournit l'artiste, et sur la caution morale du baron, versa cent mille francs à ce dernier et s'engagea à satisfaire tous ses créanciers dans la huitaine, à la condition *qu'il serait subrogé dans leurs hypothèques sur la terre de Mauzères et dans le privilége du vendeur,* au cas où les fonds d'Adriani ne lui seraient pas encore remboursés.

Adriani était d'autant plus à même d'inspirer confiance entière, qu'il présentait à monsieur Bosquet une lettre de Descombes, datée du 12 septembre, et reçue à l'intant même, qui l'entretenait de sa situation financière et se résumait ainsi (c'était la réponse à une lettre que nous n'avons pas cru nécessaire de rapporter, dans laquelle Adriani, sans lui indiquer le mode de placement de ses fonds, lui disait rêver l'acquisition d'une maison de campagne) :

« Te voilà à la tête de cinq cent mille francs, et tu n'as point de dettes. Pour toi, c'est la richesse. Cependant, si tu étais tenté de doubler, de tripler peut-être ton capital, je me ferais fort d'y réussir avant peu de jours. Je résiste à la tentation devant ta philosophie et tes rêves champêtres. Achète donc une Arcadie, si tu la trouves sous ta main. Je tiendrai les fonds à ta disposition, à ta première requête. »

Le soir, Adriani courut chez Laure. Elle

ne s'était pas inquiétée de son absence durant la journée. Il l'avait prévenue par un billet, sans lui dire de quoi il était question ; mais elle avait trouvé le temps mortellement long, et elle se hâta de le lui dire avec la naïveté joyeuse d'un malade qui annonce à son médecin les symptômes évidents de sa guérison.

— Mauzères est à moi, lui dit Adriani en lui baisant les mains. Tant que vous voudrez rester au Temple, et toutes les fois que vous y voudrez revenir, je pourrai être là sous votre main, sous vos pieds, sans que mon bonheur d'être votre esclave soit trahi par des invraisemblances de situation.

Laure fut un instant partagée entre la reconnaissance et la crainte. C'était presque un mariage que cet arrangement, et elle se reprochait l'entraînement de la veille. Adriani la devina et se hâta de lui dire que cette affaire était pour lui un sage placement, et qu'en outre, elle rendait un grand service à M. West.

— Si mon voisinage venait à vous inquiéter, ajouta-t-il, je n'habiterai jamais Mauzères sans votre ordre.

— Ah! mon ami, s'écria Laure en lui prenant les deux mains avec effusion, vous m'aimez trop! Que ferai-je pour le mériter?

Journal de Comtois.

16 septembre 18...

Voilà bien des choses étonnantes. Mon artiste est riche. Il achète Mauzères, il tire des mille et des cents de sa poche, et monsieur le baron de West l'appelle son sauveur, quand il croit qu'on n'écoute pas ce qu'ils se disent. Je ne sais pas trop si je resterai ici, moi, au cas que monsieur Adriani veuille y rester longtemps. Je ne déteste pas la campagne ; mais, comme dit le baron, on s'y rouille beaucoup. Il est vrai que monsieur Adriani prendrait peut-être ma femme comme cuisinière et que je ferais élever mes enfants dans la campagne, ce qui me ferait une économie. Mais il faut voir comment ça tournera. Je ne peux pas croire qu'un artiste ait gagné tant d'argent par des moyens naturels. Celui-là est bien gentil et bien honnête homme, mais enfin ce n'est pas grand'-chose.

Lettre de Descombes à Adriani.

14 septembre.

Je te disais, avant-hier, d'acheter ton Arcadie. Attends un peu, je tiens une si magnifique opération qu'il faudrait être insensé pour ne pas t'y associer. Tu m'as dit de placer comme je l'entendrais, tout en me défendant de chercher à t'enrichir davantage ; mais il y a des coups de fortune qui sont des placements si sûrs, que je me reprocherais éternellement de ne t'avoir pas fait gagner cent pour cent quand je le pouvais. Dors tranquille ; demain ou après-demain, tu seras millionnaire.

Narration.

Adriani dormit tranquille, après toutefois avoir répondu, courrier par courrier, à son ami pour lui confirmer la nouvelle qu'il avait acheté à Mauzères et qu'il avait disposé sur lui d'une somme de trois cent mille francs, remboursable, dans la huitaine, à M. Bosquet, de Tournon. Son premier avis, daté du quatorze et parti de Tournon même, avait déjà dû parvenir à Descombes, au moment où il le lui réitérait.

Adriani, avec son désintéressement et sa libéralité, n'était pas une tête faible comme il plaît aux gens avides de qualifier indistinctement les caractères nobles et les imbéciles. Il s'était ruiné de gaîté de cœur dans la première phase de sa jeunesse, mais non pas sans avoir conscience de ses sacrifices. Il s'était jeté dans le plaisir, mais non dans les vanités stupides qui ne sont pas le plaisir, et, s'il eût fait ses comptes, il eût pu constater que ces entraînements avaient toujours eu un but d'amour, d'amitié ou de charité, de poésie ou de confiance chevaleresque, auprès duquel ses satisfactions matérielles n'avaient eu qu'une faible part dans le désastre.

Il s'était rendu compte de ses risques, il les avait affrontés et subis avec une philosophie enjouée. Il comprenait donc sa situation présente et ne se serait pas exposé à un risque nouveau, du moment que sa nouvelle fortune était à ses yeux un moyen de liberté dans le rêve de son amour. Il ne s'effraya pas de la lettre de Descombes, et cependant il se hâta de lui renouveler son injonction.

Il passa la journée du lendemain auprès de Laure. Elle était plus belle que de coutume et, en quelque sorte, radieuse. Chaque jour amenait un progrès immense. Elle se décida à chanter avec lui, et ce fut un ravissement nouveau pour l'artiste. Elle chantait, non pas avec autant d'habileté mais avec autant de pureté et de vérité qu'Adriani lui-même, dans l'ordre des sentiments doux et tendres. Adriani savait à quoi s'en tenir sur le mérite des difficultés vaincues. La plupart des cantatrices de profession sacrifient l'accent et la pensée aux tours de force, et dans les salons de Paris ou de la province, la jeune fille ou la belle dame qui a su acquérir la roulade à force d'exercice, éblouit l'auditoire en écrasant, du coup, la timide romance de pensionnaire. A ces talents misérables et rebattus, Adriani préférait de beaucoup la chanson de la villageoise qui tourne son rouet ou berce son poupon. Il avait rarement éprouvé des jouissances complètes en écoutant les autres artistes ; il eût pu compter ceux qui l'avaient transporté par le beau dans le simple et par le grand dans le vrai. Il eut un de ces transports de joie en découvrant chez Laure un instinct supérieur et des facultés d'interprétation que les leçons avaient pu développer mais non créer en elle. Ce n'était pas la première élève de tel ou tel professeur, faisant dire, à chaque effort de la manière : Je te reconnais, méthode! — C'était une individualité adorable, qui s'était aidée de la connaissance scientifique suffisante pour se produire vis-à-vis d'elle-même, dans sa nature d'intelligence et de cœur. C'était une de ces puissances d'élite que, dans toute une vie, l'on rencontre tout au plus deux ou trois fois, pour vous faire entendre ce qu'on a de l'âme.

Adriani fut heureux surtout de constater que cette individualité avait dû conprendre la sienne propre, jusque dans ses plus exquises délicatesses. C'est toujours une souffrance secrète pour un artiste que de se voir admiré et applaudi sur la foi d'autrui, ou par rapport à celles de ses qualités qu'il estime le moins. Jusque-là, il avait senti, chez Laure, une intelligence éclairée par le cœur autant que par des connaissances spéciales, mais il ne savait pas qu'un génie égal au sien lui tenait compte de tous les trésors qu'il lui prodiguait dans le seul but de la distraire et de lui être agréable. Il se vit apprécié comme il ne l'avait jamais été par aucun public, et tout ce qu'il put lui dire fut de s'écrier :

— Ah! j'ai trouvé ma sœur. Je deviendrai artiste!

Quelles heures délicieuses, quelles journées remplies, quelle fusion d'enthousiasme, quelle identification d'expansion sublime rêva l'artiste en descendant vers Mauzères par le sentier des vignes, au lever de la lune! Des chœurs célestes chantaient dans les nuages pâles, et tous les échos de son âme étaient éveillés et sonores.

Il trouva le baron occupé à ranger ses papiers et à faire son triage définitif. Le brave homme était bien consolé de ne pouvoir intituler son volume : *La lyre d'Adriani*. Il rêvait de faire le livret d'un opéra.

— Quel dommage que vous soyez riche! dit-il à son hôte, vous seriez premier sujet à l'Opéra, et quel rôle j'ai là pour vous! Il touchait tour à tour son front et les feuilles volantes de son sujet ébauché.

Adriani tremblait qu'il ne voulût lui en faire part. Heureusement le baron n'avait pas cette détestable pensée.

— Nous en reparlerons quand vous viendrez à Paris, reprit-il; car vous ne passerez pas l'hiver ici ?

— Ce n'est pas probable, dit Adriani au hasard et pour le faire patienter.

— Oui, oui, je vous communiquerai cela là-bas, et vous me donnerez conseil. J'aurai préparé mon terrain. Je connais tout le personnel administratif et artiste des théâtres lyriques; j'aurai un tour de faveur quand je voudrai. Tenez, mon enfant, vous ne m'avez pas seulement sauvé de ma ruine, vous avez fait ma fortune. Je périssais ici ; forcé de m'annihiler dans les soucis matériels, je n'avais plus d'inspiration ! Oh ! ne dites pas le contraire ! je le sais, je me connais, allez ! Eh bien, je vais refleurir au soleil de l'intelligence!

Je ne suis pas fait pour cette vie bourgeoise et rustique. Je me suis trompé quand j'ai cru que la solitude et le soleil du Midi me seraient favorables. Je suis une plante du Nord, moi, et je me sens étranger ici. Il me faut le brouillard mystérieux et le tumulte harmonieux des grandes villes ; il me faut la conversation, l'échange des idées, les émotions vigoureuses de l'art et les luttes de l'ambition littéraire. Vous verrez, vous verrez ! Débarrassé des sales paperasses d'huissier et de notaire, je vais m'élancer dans ma sphère véritable. J'aurai du succès, et de la gloire, et de l'argent ! car il en faut, voyez-vous, pour soutenir la dignité de l'art. Quand j'aurai fait gagner des millions aux entreprises théâtrales, tous ces gens-là croiront en moi, et je pourrai tenter des choses nouvelles, faire entrer le drame lyrique dans des voies inexplorées. C'est une mine d'or que les cent mille francs que vous m'avez mis là dans la poche, non pour moi, je n'y tiens pas, mais pour le progrès du beau et pour l'essor de la muse! D'ailleurs, j'en veux, j'en dois gagner un peu pour moi aussi, de l'argent! Je n'oublie pas que ceci est un prêt éventuel que vous m'avez fait. Si dans trois ans Mauzères n'est pas en situation d'être vendu trois cent mille francs, je vous le rachète au même prix, entendez-vous? J'exige qu'il en soit ainsi!

Comtois écrivit à sa femme, entre autres renseignements :

« Ça ira bien si ça dure. *Il* aurait l'intention de me mettre à la tête de sa maison, et je ne serais plus valet de chambre, mais plutôt économe. Ma foi, j'en ris, mais il paraît qu'il faut servir les artistes pour faire son chemin ! »

Le baron s'endormit en rêvant la gloire et la fortune, Adriani en rêvant le bonheur et l'amour. A son réveil, l'artiste reçut des mains de Comtois la lettre suivante de Descombes :

« Ton avis arrive un jour trop tard. J'ai

tout risqué, tout perdu ! Je t'ai ruiné, j'ai ruiné mon père et moi ! Mon père est parti ; moi, je reste. Oh ! oui, je reste, va ! Adieu, Adriani. Ah ! tu avais bien raison !... »

Adriani ouvrit, en frémissant, une autre lettre. Elle était d'une certaine Valérie, maîtresse de Descombes :

« Accourez, monsieur Adriani. Il a pris du poison. On l'a secouru malgré lui. Il vit encore, mais pour quelques jours seulement. Je l'ai fait transporter chez moi, où je le tiens caché. Tout est saisi chez lui. Venez, car il a toute sa tête et ne pense qu'à vous. Vous lui procurerez une mort moins affreuse, car vous êtes grand et généreux, vous, et il n'estime que vous au monde. Venez vite ; on dit qu'il ne passera pas la semaine. »

Adriani fut si accablé du malheur de son ami qu'il ne songea pas d'abord au sien propre. Il demanda sur-le-champ des chevaux, et pendant qu'on attelait, il courut au Temple. Ce fut seulement à moitié de sa course qu'il se rendit compte du désastre qui l'atteignait. Il n'avait rien dit au baron de ces horribles lettres. Personne n'avait pu lui rappeler qu'il devait trois cent mille francs et qu'il ne lui restait rien. Ce fut donc un nouveau coup de foudre qui, ajouté au premier, l'arrêta comme paralysé, au milieu des vignes. — Mais je suis déshonoré et mort aussi, moi! s'écria-t-il. Descombes n'a pas tué que lui-même : il a tué mon amour, mon avenir, ma vie! Que vais-je devenir?

Il se laissa tomber sur le revers d'un fossé ombragé et se prit à pleurer son espérance avec un désespoir d'enfant. — Le malheureux! se disait-il, il a tué Laure aussi. Je l'avais presque guérie, je l'aurais sauvée, et la voilà seule pour jamais. Qui l'aimera comme moi, qui la convaincra comme j'aurais su le faire? Qui sera libre, comme je l'étais, de lui consacrer des années de patience et toute une vie de bonheur? Qui la comprendra? Qui lui pardonnera d'avoir aimé? qui la devinera et la jugera capable d'aimer encore? Oui, Laure est perdue, car il faut qu'elle retombe dans son morne désespoir ou qu'elle accepte l'amour d'un homme sans ressources et sans fierté : un homme taré par le plus fatal hasard... Un hasard auquel personne ne croira peut-être !... Un banqueroutier, moi aussi !

Il se calma en arrêtant sa pensée sur ce dernier point. Personne ne pouvait l'accuser d'avoir spéculé sur une prétendue fortune, puisqu'il n'avait pas touché une

obole pour son compte. Il lui serait facile
de le prouver. Le froid public qui assiste
en amateur aux désastres de la réalité, rirait de son aventure. On dirait : « Voilà
un pauvre diable qui s'est cru seigneur du
jour au lendemain, et dont le réveil est
fort maussade. » Ce serait tout. Mais quel
triste personnage allait jouer l'amant,
presque le fiancé de la jeune marquise!
Comme on allait l'accuser de se rattacher
à elle pour réparer sa *débâcle* par un *bon*
mariage! Quel blâme, quelle ironie la
noble famille de Laure, la vieille marquise
en tête, allait déverser sur elle et sur lui!
Sur lui, il pourrait aisément braver ces orgueilleux provinciaux ; mais l'humiliation

et le ridicule atteindraient la femme assez insensée pour s'attacher à un aventurier, à un intrigant. Ce ne serait pas en des termes plus doux qu'on ferait mention d'Adriani : il devait s'y attendre et s'y préparer.

L'idée lui vint que la terre de Mauzères n'avait pas fondu dans le cataclysme, qu'elle était toujours là pour garantir le banquier de Tournon et rendre au baron l'existence précaire, mais encore possible, qu'il avait eue la veille ; mais cette consolation ne tint pas contre la réflexion. Le banquier avait prêté une somme double de la valeur actuelle et peut-être future de l'immeuble. Il se repentirait amèrement de sa confiance, et il exigerait du baron, comme une compensation encore insuffisante, le remboursement des cent mille francs qu'il lui avait versés. Le baron, chevaleresque à l'occassion, serait le premier à vouloir s'en dépouiller. Ainsi, par le fait, le vendeur se trouverait ruiné, et le prêteur encore lésé.

Cette solution est impossible, pensa le malheureux artiste. Elle me laisse odieux et honni ; elle me fait lâche et coupable si, par mon travail, je ne répare pas cette catastrophe.

Une fois sur ce terrain, Adriani ne pouvait se faire d'illusions sur les moyens de regagner rapidement cette somme relativement immense. Il était là dans sa partie et fort de sa propre expérience. La vie modeste et facile du compositeur qui avait chanté *gratis* sa musique n'avait plus rien de possible. Il lui faudrait donner des concerts et courir le monde, non plus en amateur, mais en homme qui spécule sur les amitiés et les relations honorables formées en d'autres temps. Ce moyen lui parut non seulement gros d'humiliations, mais encore extrêmement précaire. Il s'était donné, prodigué généreusement. Bien peu de gens sont assez reconnaissants pour payer, après coup, le plaisir qu'ils ont eu pour rien. La moindre réclamation directe à cet égard serait odieuse à un homme de son caractère. Les plus nobles virtuoses ne se dissimulent pas qu'un concert est un impôt prélevé sur la bourse de chacune de leurs connaissances et qu'il n'y faut pas revenir trop souvent, ou se résigner à ne pas voir sourire tous les visages, à la présentation, des billets qu'on n'ose pas refuser. D'ailleurs, Adriani ne savait pas et ne saurait jamais organiser lui-même un succès rétribué. Il devait sa célébrité à sa modestie et à son désintéressement encore plus qu'à son génie, car fort peu de gens comprennent et cherchent le génie ; il faut les éblouir par une certaine mise en scène pour les attirer. Le *pouf* était aussi inconnu qu'impossible à Adriani.

Une seule porte s'ouvrait devant lui, celle du théâtre. Là, le succès est tout organisé d'avance, dans un but collectif, pour tout artiste dont la valeur est cotée aux dépenses de l'administration. Là, en trois ans, avec des congés, Adriani pouvait gagner trois cent mille francs, car il pourrait aussi donner des leçons à un prix très élevé, dès qu'il serait popularisé; et là seulement il sortirait de la gloire à huis clos qu'il avait préférée à l'éclat de la scène; là enfin il serait exploité au profit d'une entreprise commerciale et n'appartiendrait réellement au public que sous le rapport du talent. Ce n'est pas lui directement qu'on viendrait payer à la porte. On y achèterait bien, comme l'avait dit la vieille marquise, le droit de le siffler ; mais, du moins, il ne l'aurait pas vendu en personne et à son profit purement individuel.

— Il en est temps encore, se dit-il ; les offres qu'on m'a faites sont toutes récentes : voilà mon devoir tracé. C'est la mort de l'artiste peut-être, car ma vocation n'était pas là, mais c'est le salut de l'homme.

Il se leva pour aller annoncer sa résolution à Laure.

Elle me plaindra, pensait-il, mais elle m'encouragera. Elle comprendra que mon honneur, ma conscience, exigent que je m'éloigne, et peut-être que...

Il s'arrêta glacé, atterré. Il se souvenait que Laure, en lui parlant d'Adriani, alors qu'elle ne connaissait encore que d'Argères, avait fait un grand mérite à l'artiste de n'avoir jamais voulu se vendre au public. Lui-même ensuite s'en était vanté, et il avait été très évident pour lui, en plusieurs circonstances, que Laure éprouvait une véritable répugnance pour la profession qu'il allait embrasser.

Cela tenait-il à un préjugé fortement

ancré dans les mœurs de sa caste, dans sa dévote famille particulièrement ? Avait-elle sucé ce préjugé avec le lait et le conservait-elle, à son insu, tout en méprisant les préjugés en général ? N'était-ce pas plutôt un résultat de son caractère concentré, modeste, un peu sauvage, qui lui faisait regarder avec effroi et dégoût les provocations du talent à l'applaudissement de la foule ! Il est certain qu'elle faisait mystère du sien propre, qu'elle adorait la discrétion de celui d'Adriani vis-à-vis du vulgaire, et qu'elle lui avait dit vingt fois quand il s'était défendu d'égaler les grands chanteurs de notre époque : Ah ! laissez, laissez ! des acteurs ! Ils ont tout donné à tout l'univers! Il ne leur reste plus rien dans l'âme pour ceux qui les aiment!

Laure se trompait. Les vrais grands artistes ont en réserve des diamants cachés, dont la mine est inépuisable ; mais elle ne les avait pas assez fréquentés pour le savoir, et elle était ailleurs disposée à une tendre jalousie dans l'art comme dans l'amour.

Et puis, quelle lutte il lui faudrait engager avec sa famille pour s'attacher à la destinée d'un comédien, puisque déjà elle était presque maudite par sa belle-mère pour s'être affectionnée envers le moins comédien de tous les virtuoses! Ce ne serait plus le blâme de l'orgueil nobiliaire: ce serait l'anathême religieux le plus absolu, le plus foudroyant. Jamais il n'y aurait de retour possible. Qu'elle eût dit d'un acteur : Oui, je l'aime! elle était pour jamais repoussée, seule avec lui dans le monde.

Elle est capable de ce sacrifice, pensa-t-il; mais sais-je si elle m'aime? Et si cela est, qu'ai-je fait jusqu'ici pour elle? Quel droit ai-je acquis à son dévoûment pour aller le lui imposer? Non, si elle me l'offrait en ce moment, je serais lâche de l'accepter. Si j'eusse été engagé à l'Opéra il y a trois semaines, aurais-je eu seulement la pensée de m'offrir à elle pour me charger de sa destinée? Je me serais cru imprudent d'y songer. Et à présent, de quel front irai-je lui dire : Je ne suis pas libre, je ne m'appartiens plus, je n'ai même pas de quoi vous faire vivre de mon travail, puisque je suis esclave d'une dette d'argent autant qu'esclave du public et du théâtre. Tout ce que je vous ai affirmé est un rêve, tout ce que je vous ai promis est un leurre. Suivez-moi, sacrifiez-moi tout ; je n'ai aucune protection, aucune indépendance, aucun repos, aucune solitude, aucune intimité à vous donner en échange; je n'ai même pas cettte pure et modeste gloire que vous chérissiez. Venez, aimez-moi, quand même, parce que je vous désire. Soyez la femme d'un comédien !

Toutes ces réflexions, toutes ses douleurs se succédèrent rapidement. Il jeta un dernier regard sur les plus hautes branches du coteau, celles qu'il connaissait si bien comme les plus voisines du Temple. Il arracha une touffe de pampres, la froissa, la couvrit de baisers et la jeta devant lui, s'imaginant que Laure y poserait peut-être les pieds ; puis il cacha son visage dans ses mains et s'enfuit comme un fou, retenant les sanglots dans sa poitrine et s'étourdissant dans la fièvre de sa course.

Il trouva la voiture prête dans la cour de son fatal château de Mauzères, et Comtois, qui l'attendait, joyeux d'aller revoir *son épouse et sa petite famille.* Il monta dans sa chambre et écrivit à la hâte ces trois lignes :

« Laure, un de mes plus chers amis se
» meurt d'une mort affreuse. Il me de-
» mande ; je ne puis différer d'une heure,
» d'un instant. Je vous écrirai de Paris ;
» je vous dirai... »

Il n'en put écrire davantage ; il effaça les trois derniers mots, signa et envoya un exprès. Puis il passa chez le baron, qui venait de s'habiller et qui, pâle,

tremblant, tenait un journal ouvert.
Adriani comprit qu'il savait tout. Le baron
bégaya, n'entendit pas ce que lui disait
l'artiste, et, tout à coup, se jetant dans ses
bras.

— Ah! mon pauvre enfant! s'écria-t-il,
vous êtes perdu, et moi aussi! Mais c'est
ma faute! Ah! les voilà, ces biens de la
terre! Leur source est impure et ils ne
profitent pas aux honnêtes gens. Pourquoi les poëtes et les artistes veulent-ils
posséder! Leur loi en ce monde a toujours
été et sera toujours d'errer comme Homère, une lyre à la main et les yeux fermés!

— Rassurez-vous sur votre compte et sur le mien, mon ami, répondit l'artiste en l'embrassant. Mon désespoir est assez grand; ne l'aggravons pas par de vaines craintes; vous n'êtes pas ruiné, ni moi non plus. Mon avoir est resté intact. J'avais défendu au pauvre Descombes d'en disposer.

— Non, vous dites cela pour me rassurer ma conscience. Courons chez Bosquet, et rendons-lui cet à-compte.

— Laissez donc! dit Adriani en remettant le portefeuille dans les mains de son ami; je vous donne ma parole d'honneur que M. Bosquet sera soldé dans huit jours et que je serai propriétaire de Mauzères comme vous de vos cinq mille livres de rente. Allons, du courage! je verrai Bosquet en passant à Tournon ; je le tranquilliserai s'il est inquiet. Achevez vos emballages et venez me rejoindre à Paris. Je ne puis vous attendre un seul jour: mon pauvre ami respire encore et m'attend. D'ailleurs, je suis trop accablé pour être un agréable compagnon de voyage.

CHAPITRE QUINZIÈME.

XV

Adriani partit les yeux fermés, non pas qu'il songeât au précepte du baron, mais parce qu'il craignait de voir arriver Toinette ou Mariotte par les vignes. Il trouva M. Bosquet altéré de la nouvelle de la faillite Descombes, dont le contre-coup lui causait un assez grave préjudice. C'était un homme impressionnable et encore inexpérimenté dans les affaires. Il était si troublé qu'il comprit peu ce que lui disait son débiteur. Adriani n'eut donc pas de peine à le tranquilliser sur son propre compte. Bosquet connaissait la probité du baron ; il avait pris hypothèque, et quand il aurait dû perdre une cinquantaine de mille francs sur la vente de Mauzères, il était de ceux qui croyaient aux grands succès, partant aux grands profits littéraires de M. de West. D'ailleurs il venait de faire une perte beaucoup plus importante dans la faillite Descombes, une perte certaine. Celle qu'il risquait avec Adriani était moindre et lui laissait de l'espoir. Elle ne l'émut pas comme elle l'eût fait la veille, et, bien que l'artiste ne lui donnât aucune garantie, il ne l'humilia par aucun doute blessant.

Le rapide voyage d'Adriani lui parut être un siècle d'angoisses et de douleurs. La certitude d'être forcé de renoncer à Laure constituait à elle seule une telle amertume, que le reste lui en paraissait amoindri. Du moins, tout ce qui pouvait faire échouer ses projets de travail et de réhabilitation ne se présenta pas trop à sa pensée. C'était bien assez de pleurer le passé, sans se préoccuper de l'avenir. Tout était flétri et désenchanté dans la vie morale et intellectuelle de l'artiste.

Il entra à Paris dans le brouillard gris du matin, comme un condamné qui se dirige vers l'échafaud et qui ne voit pas le chemin qu'on lui fait prendre. Il descendit chez Valérie. Descombes respirait encore, mais les sourds gémissements de l'agonie avaient commencé. Il se ranima en reconnaissant son ami et put lui dire à plusieurs reprises : Pardonne-moi ! pardonne-moi ! Adriani réussit à lui faire comprendre, à lui faire croire que la somme fatale n'avait pas été versée par Bosquet, et que sa ruine n'avait aucune des conséquences funestes qui, sur toutes choses, tourmentaient le moribond ; mais le malheureux Descombes, tout en exhalant ses derniers souffles, avait encore toute sa tête, toute sa mémoire. Il sentit bientôt qu'Adriani le trompait pour le consoler.

— Généreux! lui dit-il avec un regard de douleur suprême.

Puis sa raison se perdit tout à coup; il cria des mots d'argot de la bourse, vit des chiffres formidables passer devant ses yeux, et s'efforça de les effacer avec ses mains convulsives ; puis il se prit à rire, disant : La misère !... l'art !... Je suis peintre !... Ce furent ses dernières paroles,

Ses dents craquèrent dans d'affreux grincements. Il expira.

Adriani demeura attéré auprès de ce lit de mort, qui était celui de sa propre destruction morale. Valérie l'emmena dans son salon.

— Adriani, lui dit-elle, je suis consternée et navrée. Pourtant ma douleur ne peut se comparer à la vôtre : Descombes ne m'a pas aimée. Excepté vous, le malheureux n'aimait plus rien ni personne. Il avait peut-être raison ! Il méprisait ses propres plaisirs, et les payait magnifiquement, sans y attacher aucun prix. Ce que je possède me vient de lui. Eh bien ! prenez tout ce qu'il y a ici. Je n'ai jamais su garder l'argent ; mais tout ce luxe, c'était à lui. Il ornait cette maison, non pour m'être agréable, mais pour y rassembler ses amis et y causer d'affaires en ayant l'air de s'y amuser. Bien que tout cela soit sous mon nom, je crois, je sens que c'est à vous : vous le seul dépouillé que j'estime et que je plaigne, car les autres le poussaient à sa perte, et, après avoir excité et partagé sa fièvre, ils l'ont tous maudit et abandonné. Vous, qui ne ressemblez à personne, restez ici, vous êtes chez vous.

Valérie ajouta en pâlissant :

— J'en sortirai si vous l'exigez.

Adriani se savait aimé de Valérie. Il avait résisté à cette sorte d'entraînement qu'un sentiment énergique, quelque peu durable qu'il puisse être, exerce toujours sur un jeune homme. Il n'avait pas voulu tromper Descombes; Valérie le savait bien; elle savait bien aussi qu'il n'accepterait pas ses sacrifices, bien qu'elle en fît l'offre avec une sincérité exaltée ; mais ce qu'elle ne savait pas, c'est que le cœur d'Adriani était mort pour les affections passagères.

— Vous ne pensez pas à ce que vous dites, ma pauvre enfant, lui répondit-il avec douceur. En tout cas, ce serait trop tôt pour le dire. N'attendrez-vous pas que ce malheureux, qui est là, soit sorti de votre maison pour l'offrir à un autre?

— Ah! vous ne me comprenez pas, dit-elle humiliée, et se hâtant de faire, par amour-propre, encore plus qu'elle n'avait résolu d'abord; vendons tout, prenez tout, et ne m'en sachez aucun gré ; je serai consolée si je vous sauve.

— Bien, Valérie! ayez de tels élans de cœur, et rencontrez un honnête homme qui les accepte! mais je ne puis être cet homme-là.

— Mais qu'allez-vous devenir?

— Je m'engage à l'Opéra.

— Vous ?

— Oui, moi, et dès aujourd'hui. Il le faut.

— Ah ! je comprends ; vous devez la somme. Eh bien, hâtez-vous : on est en pourparlers avec Lélio. Attendez ! oui, à cinq heures Courtet viendra ici. (Elle parlait d'un personnage des plus influents dans les destinées du théâtre.) Il ignore comme tout le monde que Descombes était ici. J'ai dû le cacher pour le soustraire aux poursuites et aux reproches. Eh bien, je saurai où en sont les affaires qui vous intéressent.

Valérie n'ajouta pas qu'elle avait sur Courtet une influence d'autant plus irrésistible qu'il la poursuivait depuis quelque temps et qu'elle ne lui avait encore rien promis. Elle sentait bien qu'Adriani rejetterait son assistance ; mais elle crut devoir lui donner un conseil qu'il reconnut très sage.

— Gardez-vous de faire connaître votre position à ces gens-là, lui dit-elle. Si vous voulez un engagement de cinquante ou soixante mille francs, feignez de n'avoir pas le moindre besoin d'argent. Soyez réellement propriétaire d'un château dans le Midi ; que la faillite Descombes ne vous ait pas atteint. Je dirai que vous avez un million, autrement, on vous offrira vingt mille francs. Il n'y a que les riches qu'on paie cher, vous le savez bien.

Adriani promit de revenir à cinq heures. Il courut chez ses connaissances pour s'informer de son côté, et cacha son désastre avec d'autant moins de scrupule que c'était une tache de moins sur la mémoire du pauvre Descombes. Il apprit avec terreur chez Meyerbeer que l'Opéra avait fait choix de son premier ténor et que le traité devait être signé dans la journée.

Il le fut, en effet, mais à sept heures, chez Valérie, entre le directeur, que Courtet manda à cet effet, séance tenante, et Adriani, pour trois ans, et moyennant soixante-cinq mille francs par année. Ce que les influences les plus compétentes et les intérêts les plus déterminants eussent pu débattre longtemps sans succès, comme de coutume, l'ascendant d'une femme l'emporta d'assaut.

Valérie retint les deux administrateurs à dîner. Adriani voulait s'enfuir.

— Restez, lui dit-elle. Demain tout Paris saura que Descombes est mort, et qu'il est mort chez moi. Dès que son pauvre corps sera enlevé, j'avouerai la vérité. Jusque-là, je crains qu'on ne vienne me tourmenter. J'ai eu soin de recevoir comme de coutume. La chambre était assez isolée pour qu'on ne se doutât de rien ; mais aujourd'hui, voyez-vous, la force me manque, j'ai froid, j'ai peur ; je crains de me trahir ; je sortirai après dîner, je ne rentrerai que demain. Laisser un mort tout seul, pourtant ! Je suis bien sûre que mes gens n'oseront pas rester. S'il est seul, il faudra bien que je reste ! Mais j'en deviendrai folle... Ayez pitié de moi !

Adriani resta, et quand il fut seul avec le corps de son malheureux ami, il souffrit moins que pendant cet affreux dîner ou il ne fut même pas question d'art, mais d'affaires, de projets et de nouvelles du monde. Il se jeta sur un divan et dormit pendant quelques heures. Il s'éveilla au milieu de la nuit. L'appartement était complétement désert et fermé. Des bougies brûlaient dans la chambre mortuaire, dont les portes restaient ouvertes sur une petite galerie sombre remplie de fleurs. Aucune cérémonie religieuse ne devait avoir lieu pour le suicidé. Il avait formellement défendu qu'on présentât sa dépouille à l'église, sachant qu'en pareil cas on nie le suicide pour fléchir les refus du clergé, et voulant que personne ne pût douter du châtiment qu'il s'était infligé à lui-même. Cependant Valérie, obéissant à ses impressions d'enfance, avait placé un crucifix sur le drap blanc qui dessinait les formes anguleuses du cadavre ; mais aucune de ces prières, qui sont, à défaut de foi vive, le dernier adieu de la famille et de l'amitié, ne troublait le morne silence de cette veillée funèbre.

Adriani pria pour l'infortuné comme il savait prier. Il eut vers Dieu des élans de cœur véritables, des attendrissements profonds et des effusions d'espérance, qui font, en somme, le résumé de toute invocation sincère. Il avait cette superstition pieuse et peut-être légitime, de penser qu'une âme qui s'en va seule dans la sphère inconnue aux vivants a besoin, pour rejoindre le foyer d'où elle est émanée, de l'assistance des âmes dont elle se sépare ici-bas. Les rites des religions ne sont pas de vains simulacres; les chants, les pleurs, toute cérémonie qui accompagne la dépouille de l'homme d'une solennité extérieure est l'expression de cette assistance au-delà de la mort.

Adriani sut gré à Valérie de lui avoir confié le soin de remplacer tout ce qui manquait au suicidé. Une immense pitié, un pardon sans bornes, s'étendirent sur lui, et le cœur d'Adriani s'offrit à Dieu comme la caution de la réhabilitation de l'infortuné dans un monde meilleur ou dans une série de nouvelles épreuves. Ce pardon, il le lui avait exprimé à lui-même, mais ce n'était pas assez. Dans une nuit de recueillement et de méditation, Adriani put s'interroger, se dépouiller pour l'avenir comme pour le passé de tout levain d'amertume, et prononcer sur cette tombe l'absolution complète que le prêtre n'eût pas osé accorder.

Puis, ranimé et fortifié par la conscience de sa grandeur d'âme, Adriani se rattacha à sa propre destinée par le sentiment du devoir. Il se dit que l'homme est condamné au travail, non pas seulement à celui qui amuse et féconde l'esprit, mais encore à celui qui fatigue et déchire l'âme. Il ne se dissimula pas que la société devait tendre à rendre le fardeau plus léger pour tous; que l'état parfait serait celui qui établirait un équilibre entre le plaisir et la peine, entre le labeur et la jouissance; mais, en face d'une société où trop de mal pèse sur les uns et trop peu sur les autres, il comprit que le choix de l'âme fière et courageuse devait être parmi les plus chargés et les plus exposés. Il vit en face, sur les traits contractés et déjà hideux du spéculateur, les traces du travail excessif mais anormal qui consiste à faire servir d'enjeu, dans une lutte ardente et folle, l'argent, signe matériel et produit irrécusable à son origine, du travail de l'homme. Il entoura d'une compassion tendre la mémoire de son ami; mais il condamna son œuvre, source d'illusions, d'orgueil et de démence, poursuite de réalités qui sont le fléau du vrai, le but diamétralement opposé à la destinée de l'homme sur la terre et aux fins de la Providence.

Et quand il pensa à son amour, il se demanda s'il eût été digne d'en savourer sans remords l'éternelle douceur. Il lui sembla que, pour embrasser et retenir l'idéal, il fallait avoir souffert et travaillé plus qu'il n'avait fait. Voilà pourquoi j'ai aimé Laure avec idolâtrie dès les premiers jours, se dit-il : c'est qu'elle avait bu le calice de la douleur et que je la sentais digne d'entrer dans le repos des félicités bien acquises; et voilà aussi pourquoi elle ne m'a pas aimé de même ; voilà pourquoi elle a hésité, et pourquoi, malgré ses propres efforts, elle a été préservée de ma passion. Je ne la méritais pas, moi qui n'avais cueilli dans la vie d'artiste que des roses sans épines; je n'avais pas reçu le baptême de l'esclavage ; je ne m'étais en fait immolé à rien et à personne. Elle sentait bien que je n'avais pas, comme elle, subi ma part de martyre et que je n'étais pas son égal.

Il lui écrivit sous l'impression de ces pensées, et l'informa de toute la vérité, en lui disant un éternel adieu.

Là, son âme se brisa encore. Il ne reprit courage qu'en regardant encore le front dévasté de Descombes et sa bouche contractée par le désespoir jusque dans le calme de la mort. Allons, se dit-il, mieux vaut encore ma vie désolée pour moi seul, que cette mort désolante pour les autres. Il suivit seul le convoi de cet homme dont tant de gens recherchaient naguère l'opulence, l'audace et le succès.

Puis, il prit un jour de repos, et se prépara, par l'étude, à son prochain début.

La place était vide depuis un mois. On lui donnait quinze jours pour être prêt à débuter dans *Lucie*.

Il dut pourtant s'occuper de régler sa position. Il était lié avec des gens de toutes conditions, et, dans le nombre, il pouvait choisir le capitaliste qui regarderait sa probité, son énergie et son talent réunis comme une caution infaillible. Il s'adressa à celui dont il était le mieux connu et le mieux apprécié, lui confia son embarras, et lui demanda trois cent mille francs escomptés sur trois années de sa vie. On refusa de saisir d'avance ses appointements; on se contenta de prendre hypothèque sur Mauzères. La somme fut envoyée à M. Bosquet dans le délai de la promesse qui lui avait été faite, et Adriani reçut, en échange, ses titres de propriété sur la terre et châtellenie de Mauzères. Quand cette affaire fut réglée, Adriani respira un peu, et se dit naïvement qu'au milieu de son malheur son étoile ne l'abandonnait pas. Il ne songea pas à se dire que pour inspirer tant de confiance, il fallait être, comme talent et comme caractère, aussi capable que lui de la justifier.

Le jour du début arriva. Adriani était tranquille et maître de lui-même, mais mortellement triste au fond du cœur. Il n'avait pas eu à organiser son succès. La direction même n'avait pas eu lieu de s'en préoccuper. Le monde entier, comme s'intitule la société parisienne, accourait de lui-même, prévenu d'avance en faveur de l'artiste, résolu à le soutenir en cas de lutte, curieux aussi de le voir sur les planches, et avide de pouvoir dire, en cas de succès : C'est moi qui le protége. La jeunesse dilettante qui envahit ce vaste parterre savait l'histoire d'Adriani, sa récente fortune, sa ruine, sa résignation, sa conduite envers Descombes ; car en dépit de tous ses soins, la vérité s'était déjà fait jour. On connaissait donc son caractère, et l'on s'intéressait à l'homme avant d'aimer l'artiste.

La musique de *Lucie* est facile, mélodique, et porte d'elle-même le virtuose. Un grand attendrissement y tient lieu de profondeur. Cela se pleure plutôt que cela ne se chante, et, en fait de chant, le public aime beaucoup les larmes. Adriani, dont les moyens étaient immenses, ne redoutait point cette partition, et savait qu'il n'y avait pas à y chercher autre chose que l'interprétation de cœur trouvée par Rubini. Il savait aussi que le public de l'Opéra français exige plus que le jeu chez l'acteur, et ne comprend pas toujours que la douleur soit plus belle dans l'âme que dans les bras. Quand Rubini pleure Lucie, la main mollement posée sur sa poitrine, les gens qui écoutent avec les yeux le trouvent froid ; ceux qui *entendent* sont saisis jusqu'au fond du cœur par cet accent profond qui sort des entrailles, et qui, sans imitation puérile des sanglots de la réalité, sans contorsion et sans grimace, vous pénètre de son exquise sensibilité. C'est ainsi qu'Adriani l'entendait ; mais il était sur la scène du drame lyrique. Il lui fallait trouver ce qu'on appelle en argot de théâtre des *effets*. Il le savait, et il en avait entrevu de très simples, que son inspiration ou son émotion devait faire réussir ou échouer. Ayant cherché dans le plus pur de sa conscience d'artiste, il se fiait à sa destinée.

Il arriva donc à sa loge sans aucun trouble et attendit le signal sans vertige. L'homme qui a veillé avec toute sa capacité et toute sa volonté à l'armement de son navire, s'embarque paisible et se remet aux mains de la Providence, préparé à tout événement. Adriani était préservé par son caractère, par son expérience, par sa tristesse même, de la soif de plaire, de la rivalité de talent, de l'angoisse du triomphe, tourments inouïs chez la plupart des artistes. Il ne voyait dans le combat qu'il allait livrer que l'accomplissement d'un devoir inévitable, le sacrifice de sa personnalité, de ses goûts, l'abnégation de son juste orgueil et de sa chère indépendance. C'était bien assez de mal, sans y joindre les tortures de la vanité.

Costumé, fardé, assis dans sa loge, entouré de ses plus chauds partisans et de ses amis les plus dévoués, il était absorbé par une idée fixe.

— Adieu, Laure! adieu, amour que je ne retrouverai jamais! disait-il en lui-même. Dans cinq minutes, quand le rideau de fausse pourpre aura découvert mon visage, ma personne, mon savoir-faire, mon être tout entier aux yeux de l'assemblée, ton ami, ton serviteur, ton amant, ton époux ne sera plus pour toi qu'un rêve évanoui dont le souvenir te fera peut-être rougir. Ah ! puisse-t-il ne pas te faire pleurer ! Puisses-tu ne m'avoir pas aimé ! Voilà le dernier vœu que je suis réduit à former !

On lui demandait s'il était ému, s'il se sentait bien portant, si son costume ne le gênait pas, s'il n'avait pas quelque préoccupation dont on pût le délivrer dans ce moment suprême. Il remerciait et souriait machinalement, mais les questions qui frappaient son oreille se transformaient dans sa rêverie. Il s'imaginait qu'on lui demandait : Est-ce que vous l'aimez toujours ? Est-ce que vous ne vous en consolerez pas ? Est-ce que vous pouvez penser à elle dans un pareil moment? Et il répondait intérieurement : Je suis sous l'empire d'une fatalité étrange ; je ne vois qu'elle, je ne pense qu'à elle, je n'aime qu'elle, et je ne crois pas pouvoir aimer jamais une autre qu'elle.

On l'appela. Le directeur le saisit dans l'escalier, lui toucha le cœur en riant et s'écria : « Tranquille tout de bon ? C'est merveilleux ! C'est admirable ! — Je le crois bien ! pensa l'artiste en continuant à descendre : c'est un cœur mort ! »

Cette idée remua et ranima tellement ce qu'il croyait être le dernier souffle de sa vie morale, qu'il entra en scène sans se rappeler un mot, une note de ce qu'il allait dire et chanter. Bien lui prit de savoir si bien son rôle et sa partie que les sons et les paroles sortaient de lui comme d'un automate. Les premiers applaudissements le réveillèrent. Sa beauté, son timbre admirable, la grâce et la noblesse de toute sa personne, qui donnaient naturellement l'apparence de l'art consommé à tous ses mouvements, ravirent le public avant qu'il eut fait preuve de talent ou de volonté. Allons, se dit-il avec un amer sourire, mes amis sont là et souffrent de me voir si tiède! Aidons-les à me soutenir. Et puis, on me paie cher. Il faut être consciencieux.

Il fit de son mieux, et ce fut si bien que, dès ses premières scènes, son succès fut incontestable et de bon aloi.

— C'est enlevé, mon petit! lui dit gaîment quelqu'un du théâtre. Encore un acte comme ça, et feu M. Nourrit est enfoncé.

— Ah! tais-toi, malheureux! s'écria Adriani, qui avait connu et aimé l'admirable et excellent Nourrit, et qui vit sa fin tragique et déchirante repasser devant ses yeux comme l'abîme de désespoir où s'engloutit parfois la vie des grands artistes.

Il trouva dans sa loge le baron de West,

qui le serra dans ses bras en pleurant.

— Je comprends tout! s'écriait le digne homme. C'est à cause de moi, c'est pour moi que vous en êtes réduit là ! Je ne m'en consolerais jamais, si je n'étais sûr que c'est le dieu des arts qui l'a voulu et que vous tourniez le dos à la gloire en vous enterrant à la campagne. Allons ! vous chanterez mon opéra avant qu'il soit trois mois! Où demeurez-vous, pour que j'aille vous exposer mon plan ?

— Parlez-moi d'elle! s'écria Adriani. Où est-elle? Que savez-vous d'elle? L'avez-vous aperçue? Savez-vous...

— Quoi? qui, elle? Ah! oui; mais non. Je ne sais rien, sinon qu'elle n'a rien fait d'excentrique à propos de votre départ. On l'a vue dans son jardin comme à l'ordinaire. Elle ne paraissait pas plus malade ni plus dérangée d'esprit qu'auparavant. Attendez! oui, on m'a dit qu'elle partait, qu'on faisait des emballages chez elle. Elle doit être retournée à son rocher de Vaucluse. Le diable soit de cette veuve! Comment, vous y pensez tant que ça?

— Quand avez-vous quitté Mauzères? reprit Adriani.

— Il y a trois jours. J'arrrive, il y a une heure, je vois votre nom sur l'affiche; je crois rêver; je m'informe; je remets à demain le soin de dîner, et me voilà, non sans peine; il y a un monde!...

— On ne vous a rien remis pour moi?

— Qui? Où? Ah? là-bas? Mais non; je vous l'aurais dit tout de suite. Est-ce qu'elle ne vous écrit pas?

Adriani quitta le baron. Laure n'avait pas répondu à sa lettre, et elle retournait à Larnac. Que la volonté de Dieu soit faite! se dit-il. Elle ne m'aimait pas; tant mieux! Et cette heureuse solution lui arracha des larmes brûlantes.

— Monsieur a bien mal aux nerfs! lui

dit Comtois, qui ne s'abaissait pas au métier d'habilleur d'un comédien, mais qui, resté à son service par attachement quand même, assistait à la représentation et venait le féliciter. Ça ne m'étonne pas que monsieur soit fatigué; il est obligé de tant crier! Tout le monde est très content de monsieur. On dit que monsieur a de l'*ut* dans la poitrine; j'espère que ça n'est pas dangereux pour la santé de monsieur? Mais si j'étais de monsieur, au lieu de boire comme ça une goutte d'eau dans l'entr'acte, je me mettrais dans l'estomac un bon gigot de mouton et une ou deux bonnes bouteilles de bordeaux pour me donner des forces.

L'air final fut chanté par Adriani d'une manière vraiment sublime. C'était là qu'on l'attendait. Il y fut chanteur complet et acteur charmant ; sa douleur fut dans l'âme plus qu'au dehors ; mais ses poses étaient naturellement si belles et si heureuses, qu'on le dispensa de l'épilepsie. Il ne cria pas, malgré l'expression dont se servait Comtois ; il chanta jusqu'au bout, et l'émotion produite fut si vraie que ses amis laissèrent presque tomber le rideau sans songer à l'applaudir : ils pleuraient.

Aussitôt des cris enthousiastes le rappelèrent. Il y eut des dissidents, sans nul doute, mais ceux-là ne comptent pas et se taisent quand la majorité se prononce. Adriani fit un grand effort sur lui-même pour revenir, de sa personne, recevoir l'ovation d'usage. Il lui semblait que, jusque-là, il avait été *incognito* sur le théâtre, et qu'en cessant d'être le personnage de la pièce pour saluer et remercier la foule, il recevait d'elle le collier et le sceau de l'esclavage.

Aux premiers pas qu'il fit sur la scène pour subir son triomphe, une couronne tomba à ses pieds. En même temps, une femme vêtue de rose et couronnée de fleurs, rentra précipitamment dans la baignoire d'avant-scène, où, cachée jusquelà, elle n'avait pas été aperçue par Adriani. Il ne fit que l'entrevoir en ce moment, et elle disparut comme une vision.

— Je suis fou, pensa-t-il ; je la vois partout ! Une robe rose! des fleurs! Elle ici! Allons donc, malheureux! Rentre en toi-même et ramasse ce tribut de la première femme venue !

Il s'avança pourtant jusqu'à la rampe, au milieu d'une pluie de bouquets, tenant machinalement la couronne, et plongeant du regard dans la loge où ce fantôme lui était apparu. La loge était vide et la porte ouverte.

CHAPITRE SEIZIÈME

XVI

Il fut arrêté quelque temps dans les couloirs intérieurs, après qu'on eut baisse le rideau, par les félicitations de tout le personnel du théâtre. La sympathie comme l'envie eurent pour lui d'ardents éloges :

l'envie, au théâtre, est même un peu plus complimenteuse que l'admiration.

Comme il arrivait à sa loge, Comtois, d'un air radieux dans sa bêtise, accourut à sa rencontre, en lui criant d'un air mystérieux :

— Monsieur, madame est là !

— Madame? dit Adriani, qui eut comme un éblouissement et fut forcé de s'arrêter.

— Eh! oui, lui dit le baron accourant aussi ; c'est inouï, mais cela est! Ah! on vous aime, à ce qu'il paraît! Ce n'est pas étonnant! vous êtes si beau! Ma foi! elle est diablement belle aussi : je ne la croyais pas si belle que ça !

Adriani n'entendait pas le baron ; il était déjà aux pieds de Laure. Mais il fut forcé de se relever aussitôt : dix personnes, suivies de beaucoup d'autres, faisaient invasion dans sa loge. Il était si éperdu qu'il ne savait pas qui lui parlait, ni ce qu'on lui disait. Il vit bientôt tous les regards se porter sur Laure avec étonnement, avec admiration.

Elle était, en effet, d'une beauté surprenante dans sa toilette de soirée. Les bras nus, le buste voilé, mais triomphant de magnificence sous des flots de rubans, la tête parée de fleurs qui ne pouvaient contenir sa luxuriante chevelure ondulée, la figure animée par une joie sérieuse, le regard franc et tranquille, l'air modeste sans confusion et l'attitude aisée comme celle de la loyauté chaste, elle semblait dire à tous ces hommes curieux et charmés : — Eh bien ! voyez-moi ici ; je ne me cache pas !

Toinette, en robe de soie et en bonnet à rubans, ressemblait assez à une fausse mère d'actrice. Son embarras était risible et on chuchotait déjà sur la belle maîtresse qu'Adriani venait d'acheter, on lui en faisait compliment en des termes qui l'eussent exaspéré, s'il n'eût pas été comme ivre, lorsqu'à une invitation de venir souper qui lui fut faite, Laure se leva.

— Pardon, messieurs, dit-elle d'un son de voix qui arracha une exclamation à plusieurs des dilettanti présents à cette rencontre, je suis forcée de vous enlever Adriani. Nous sommes venues de loin pour l'entendre et le voir. Il faut qu'il nous reconduise et qu'il soupe avec nous. Et comme on souriait de la naïveté de cette déclaration, elle ajouta d'un ton qui sentait, je ne dirai pas la femme du monde, mais la femme haut placée par son éducation et ses mœurs : Nous sommes des provinciales et nous agissons avec la franchise de nos coutumes. Nous en avons le droit vis-à-vis de lui.

— Oui, madame, répondit Adriani en baisant la main de Laure avec un profond respect. Je suis bien fier de vous voir réclamer les droits de l'amitié, et celle que vous daignez m'accorder est le seul vrai triomphe de ma soirée.

Laure prit alors le bras du baron de West, et le pria de la conduire à sa voiture, où elle attendrait qu'Adriani eût quitté son costume pour la rejoindre.

Il se hâta, au milieu d'un feu croisé de questions.

— Cette dame? dit-il avec cet accent de conviction profonde qui impose malgré qu'on en ait : c'est la femme que je respecte le plus au monde. Son nom ne vous apprendrait rien. Elle est de la province, elle vous l'a dit.

— Parbleu! dit le baron en rentrant, elle n'est pas venue ici en cachette : vous pouvez bien dire qui elle est!

— Vous avez raison, dit Adriani, qui sentit qu'un air de mystère compromettrait Laure, tandis que l'assurance de la franchise triompherait des soupçons jusqu'à un certain point : c'est la marquise de Monteluz.

— Laure de Larnac! s'écria une des personnes présentes. Je ne la reconnaissais pas. Comme elle est embellie! Une personne qui chantait comme aucune cantatrice ne chante! une musicienne consommée, là! un talent sérieux! Je ne m'étonne pas qu'elle traite Adriani comme son frère! Messieurs, pas de propos sur cette femme-là! Elle a aimé comme on n'aime plus dans notre siècle, et son mari ne doit être jaloux de personne, pas même d'Adriani, ce qui est tout dire.

— Mais elle est veuve! dit le baron.

— Vrai? Eh bien! puisse-t-elle vous

épouser, Adriani! Je ne vous souhaite pas moins, et vous ne méritez pas moins.

Adriani serra la main de celui qui lui parlait ainsi, et courut rejoindre Laure.

— Où allez-vous? lui dit-il avant de donner des ordres au cocher.

— Chez vous, répondit-elle. J'ai bien des choses à vous dire; mais je ne peux pas m'expliquer comme cela en courant, et je vous demande le calme d'une audience.

Adriani était suffoqué de joie et parlait comme dans un rêve.

Il était logé, presque pauvrement, dans un local assez spacieux pour que sa voix n'y fût pas étouffée et brisée dans les études ; mais il était à peine meublé. Résolu à se contenter du strict nécessaire, afin de s'acquitter plus vite et plus sûrement, il était installé, non comme un homme qui doit dépenser, mais comme un homme qui doit économiser cent mille francs par an.

Comtois, qui était réellement précieux comme valet de chambre, et qui, sachant enfin les faits, ne pouvait plus refuser son estime à son artiste, suppléait à cette sorte de pénurie volontaire par des soins et des attentions qui marquaient de l'attachement et qui empêchèrent Adriani de s'en séparer, bien qu'un domestique lui parût un luxe dont il eût pu se priver aussi.

Grâce à Comtois, un ambigu assez convenable attendait Adriani à tout événement. Il se hâta d'allumer le feu, car il faisait froid et l'artiste souffrait de voir sa belle maîtresse si mal reçue.

— Vous me donnez une meilleure hospitalité, lui dit-elle, que celle que je vous ai offerte au Temple dans les premiers jours.

Et, se mettant à table avec lui et Toinette,

elle regarda avec attendrissement la simplicité du service et la nudité de l'appartement.

— Je m'attendais à cela, dit-elle. C'est bien! Tout ce que vous faites est dans la logique du vrai et du juste.

— Est-il vrai, s'écria-t-il, que vous...

— Mangez donc, répondit-elle. Nous causerons après. Et moi aussi, je meurs de faim. Je suis arrivée ce matin, j'ai couru toute la journée, savez-vous pourquoi? Pour arriver à ce joli tour de force de me faire habiller à la mode en douze heures. Je voulais être belle et parée pour avoir le droit de vous jeter une couronne et de me présenter dans votre loge. N'est-ce pas la plus grande fête de ma vie, et n'êtes-vous pas pour moi le premier personnage du monde?

— Et cette robe rose! dit Adriani en portant avec ardeur à ses lèvres un des rubans qui flottaient au bras de Laure ; je ne vous avais jamais vue qu'en blanc.

— Mon deuil est fini, dit-elle, et j'ai cherché la couleur la plus riante pour vous porter bonheur.

Quand Toinette emporta le souper avec Comtois :

— Mais parlez-moi donc! dit Adriani à Laure, dites-moi si je rêve, si c'est bien vous qui êtes là, et si vous n'allez pas vous envoler pour toujours! Tenez, je crois que je suis devenu fou, que vous êtes morte et que c'est votre ombre qui vient me voir une dernière fois.

— Adriani, répondit-elle, écoutez-moi. Et, s'agenouillant sur le carreau avec sa belle robe de moire, sans qu'Adriani, stupéfait, pût comprendre ce qu'elle faisait, elle prit ses deux mains et lui dit : Vous vous êtes offert à moi tout entier et pour toujours. Je ne vous ai point accepté, je ne peux pas vous accepter encore, je n'en ai pas le droit. Je ne vous ai pas assez prouvé que je vous méritais. Il ne faut donc pas que la question soit posée comme cela. Si vous voulez que je sois tranquille et confiante, il faut que ce soit vous qui m'acceptiez telle que je suis, par bonté, par générosité, par compassion, par amitié! Comme vous me demandiez de vous souffrir près de moi, je vous demande de me souffrir auprès de vous. Mes droits sont moindres, je le sais, car vous m'offriez une passion sublime et toutes les joies du ciel dans les trésors de votre cœur. Je n'ose rien vous dire de moi. Il y a si peu de temps que j'existe (je suis née le jour où je vous ai vu pour la première fois), que je ne me connais pas encore. Mais je crois que je deviendrai digne de vous si je vis près de vous. Laissez-moi donc apprendre à vous aimer, et quand vous serez content de mon cœur, prenez ma main et chargez-vous de ma destinée.

Adriani fut si éperdu qu'il regardait Laure à ses pieds et l'écoutait lui dire ces choses délirantes, sans songer à la relever et à lui répondre. Il tomba suffoqué sur une chaise et pleura comme un enfant. Puis il se coucha à ses pieds et les baisa avec idolatrie. Laure était à lui toute entière par la volonté, et cette possession divine, la seule qui établisse la possession vraie, suffisait à des effusions de bonheur, à des ivresses de l'âme qui devaient rendre intarissables les félicités de l'avenir.

Conclusion

Trois ans après, M. et madame Adriani, car ils ne prenaient le nom de d'Argères que sur les actes, suivaient, en se tenant par le bras et par les mains, le sentier des vignes pour aller revoir le Temple. Non-seulement Adriani, soutenu et encouragé par sa compagne dévouée, avait gagné en France et en Angleterre la somme qui le rendait propriétaire de Mauzères, mais encore il avait pu faire embellir cette demeure, rajeunir le mobilier classique du baron, se créer là une retraite commode et charmante. Enfin, il était arrivé à l'aisance, à la liberté, et il devait ces biens à son travail. Loin d'amoindrir son talent et d'épuiser son âme, le théâtre avait développé en lui des facultés nouvelles. Il avait acquis la connaissance des effets véritables, l'entente des masses musicales. Il *savait* le théâtre, en un mot, non pas seulement comme virtuose, mais comme compositeur, dans une sphère plus étendue que celle où il s'était renfermé seul auparavant. Il n'avait pas, comme le baron de West, ébauché le plan d'un opéra. Il apportait des opéras plein son cœur et plein sa tête, de quoi travailler à loisir et créer avec délices tout le reste de sa vie. Il n'entrait donc pas dans l'oisiveté du riche en venant prendre possession de son petit manoir.

Trois ans plus tôt, il n'eût sans doute pas oublié l'art, mais il se fût arrêté dans son essor; et qui sait si Laure ne l'eût pas entravé dans ses progrès, en lui persuadant et en se persuadant à elle-même qu'il n'en avait point à faire? L'artiste meurt quand il divorce avec le public d'une manière absolue. Il lui est aussi nuisible de se reprendre entièrement que de se donner avec excès. Il s'épuise à demeurer toujours sur la brèche. La lutte ardente et passionnée arrive, à la longue, à troubler sa vue et à n'exciter plus que ses nerfs. Il a besoin de rentrer souvent en lui-même, et de se poser face à face, comme Adriani l'avait dit, avec l'humanité abstraite. Mais une abstraction ne lui suffit pas continuellement : elle arrive à le troubler aussi, et tout excès de parti pris conduit aux mêmes vertiges.

Adriani avait souffert, musicalement

parlant, pendant ces trois années d'é-
preuves. Il avait été forcé de chanter de
mauvaises choses, il les avait entendu
applaudir avec frénésie. Il s'était reproché
d'y contribuer par son talent. Il avait
maintes fois maudit intérieurement le
mauvais goût triomphant des œuvres du
génie. Mais il avait lutté pour le génie, et
quelquefois il avait fait remporter à Mo-
zart, à Rossini, à Weber, des victoires
éclatantes. Il avait été trahi, persécuté,
irrité comme le sont tous les artistes re-
doutables ; mais, soutenu dans ces épreuves par le caractère tranquille, généreux
et ferme de sa femme, récompensé par un
amour sans bornes, par une sorte de culte

dont les témoignages avaient une suavité d'abandon inconnue à la plupart des êtres, il s'était trouvé si heureux qu'il avait à peine senti passer les souffrances attachées à sa condition. Un mot, un regard de Laure, effaçaient sur son front le léger pli des soucis extérieurs. Un baiser d'elle sur ce front si beau y faisait rentrer, comme par enchantement, la sérénité de l'idéal ou l'enthousiasme de la croyance.

Installés définitivement à Mauzères, comme dans le nid où chaque essor de leurs ailes devait les ramener pour se reposer et se retremper dans la sainte possession l'un de l'autre, ils venaient faire un pèlerinage à cette triste maison qui était comme le paradis de leurs souvenirs. Elle était aussi bien entretenue que possible par le vieux garçon Ladouze et par la fidèle et rieuse Mariotte. Ils y retrouvèrent donc cet air de fête qu'Adriani y avait apporté en un jour d'espérance, et Toinette, qui avait pris les devants, avec le *trésor* dans ses bras, leur en fit les honneurs.

Le *trésor* avait un an. Il s'appelait Adrienne. Cela parlait déjà un peu et roulait sur le gazon, sous prétexte de savoir un peu marcher. C'était le plus ravissant petit être que l'amour, qui s'y entend bien, eût offert aux bénédictions de la Providence et aux baisers d'une famille. Adriani, contrairement aux instincts ou aux préjugés de la plupart des pères, était enchanté que ce fût une fille. La perfection, selon lui, était femme, puisque Laure était femme.

L'enfant entendait ou sentait déjà la musique, et quand son père et sa mère unissaient leurs âmes et leurs voix dans une chanson de berceuse faite à son usage, ses yeux s'agrandissaient dans ses joues rebondies, et son regard fixe semblait contempler les merveilles de ce monde divin, dont les marmots ont peut-être encore le souvenir.

— Explique-moi donc, dit Adriani à sa femme en l'attirant doucement contre son cœur, l'enfant était enlacé à son cou, comment il se fait que tu m'aimes ! Je t'avoue que je n'y crois pas encore, tant je comprends avec peine qu'un ange soit descendu à mes côtés et m'ait suivi dans les étranges et rudes chemins où je t'ai fait marcher !

Et il se plut à lui rappeler ce que, depuis trois ans, elle avait supporté en souriant pour l'amour de lui : les malédictions de sa famille, l'abandon de son ancien entourage, l'étonnement du monde, la vie si peu aisée dans les commencements, si retirée à l'habitude ; car Laure n'avait voulu se procurer aucun bien-être, tant que son amant se l'était refusé à lui-même. Leur intérieur avait été si modeste, que, relativement à ses jeunes années et au séjour de Larnac, le séjour de Paris et de Londres avait été pour elle presque rigide d'austérité. Comme elle avait changé aussi toutes ses idées pour arriver à s'intéresser à la destinée d'un artiste vendu et livré à la foule ! Comme, du jour au lendemain, elle avait abjuré toutes ses notions sur la dignité de l'art et sur le mystère du bonheur, pour venir, du fond de ce désert, saluer, en plein théâtre, le triomphe d'un débutant !

— Dis-moi donc, redis-moi donc toujours, s'écria-t-il, ce qui s'est passé en toi, ici, le jour où tu as connu ma résolution et reçu mes adieux !

— Tu le sais, répondit-elle, quoique je n'aie jamais pu te le bien expliquer; j'ai senti que j'allais mourir, voilà tout. Je ne comprenais rien, sinon que tu renonçais à moi ; et, pardonne-le moi, j'ai cru que tu ne m'aimais plus, puisque tu me disais de t'oublier. Tes belles raisons me paraissaient si niaises devant mon amour.....

— Tu m'aimais donc déjà à ce point?

— Certainement, mais je ne le savais pas. Je ne l'ai su qu'au moment où je me

suis dit : « Je ne le reverrai donc plus ! »
Alors j'ai eu un dernier accès de délire Je me suis jetée sur mon lit, enveloppée d'un drap comme d'un linceul, et j'ai dit à Toinette, qui me tourmentait : Laisse-moi, couvre-moi la figure, ne me regarde plus, va faire creuser dans un coin du jardin, et rappelle-toi la place, pour la lui montrer, s'il revient jamais ici.

» Toinette m'a répondu, me parlant comme quand j'étais enfant : Écoute, ma Laure, il t'attend là-bas ! Il s'impatiente, il se désole, il croit que tu ne veux plus de lui parce qu'il est malheureux. Lève-toi et viens le trouver.

» Je me suis levée, j'ai demandé où était la voiture, et puis j'ai pleuré, j'ai ri, je me suis calmée. J'ai vu clair alors dans l'avenir, j'ai relu ta lettre, je l'ai comprise, j'ai mis ordre à mes affaires avec la plus grande liberté d'esprit. J'ai été à Larnac, je n'ai rien dit à ma belle-mère, sinon que je partais pour longtemps; je lui ai renouvelé tous ses pouvoirs au gouvernement de Larnac et à la disposition de mes revenus, au cas où elle consentirait à se relâcher du scrupule qu'elle met à me les faire passer sans en rien retenir pour elle-même. J'ai bien vu qu'elle était fort contrariée de me voir si raisonnable dans toutes ces choses positives, au moment où elle me faisait passer pour aliénée auprès de la famille. J'ai compris que, pour la soulager d'une grande anxiété, je devais m'enfermer dans ma chambre, ne voir personne et passer pour maniaque. Pendant six mois elle a réussi à faire croire ou au moins à faire dire que j'étais à Paris dans une maison de santé. Quand la vérité a éclaté comme la foudre, quand les âmes charitables ont refusé de croire que le mariage eût sanctionné notre amour, préférant l'idée d'un caprice de galanterie de ma part à la certitude d'une mésalliance, tu sais qu'elle sèche malédiction m'a été lancée. Eh bien, pas plus dans l'attente de cet anathème que dans son accomplissement, je n'ai pensé te faire un sacrifice. J'obéissais à mon égoïsme bien avéré pour moi-même ; je ne pouvais vivre sans toi ; je cherchais la vie, voilà tout !

— Et depuis, cette aversion que tu avais ressentie auparavant pour l'état que j'ai embrassé n'est jamais revenue troubler ton bonheur ?

— Je ne m'en suis jamais souvenue. Je m'étais donc bien cruellement prononcée là-dessus ?

— Mais oui, autant que moi-même !

— Eh bien ! c'est à cause de cela ! Tu

ne voulais pas être comédien, je haïssais l'état de comédien. Tu t'es fait comédien, j'ai reconnu que c'était le plus bel état du monde.

— Pas pour toujours?

— C'eût été pour toujours si tu en avais jugé ainsi. Voyons, n'ai-je pas été, pendant ces trois années, l'être le plus heureux de la terre? Outre ton amour, qui eût suffi, et au delà, à tous mes désirs, ne m'as-tu pas entourée d'amis excellens, d'artistes exquis, de jouissances élevées? Comment aurais-je pu, dans ce milieu si charmant et si affectueux, regretter les grands oncles et les petits cousins de Vaucluse? En vérité, tu as l'air de te moquer de moi, quand tu me rappelles mon isolement et mon obscurité. Est-ce que, dans le cas où j'aurais aimé l'éclat, je n'avais pas ta gloire? C'est bien plutôt moi, qui devrais m'étonner qu'un homme tel que toi ait pu apercevoir et ramasser, dans ce coin perdu, la pauvre désolée, à moitié idiote! Oui, oui, je m'étonnerais, si je ne savais que les grandes âmes sont seules capables des grands amours.

— Non, dit Adriani, mêlant sous ses baisers les cheveux blonds de sa fille aux noirs cheveux de sa femme, il n'est pas nécessaire d'être un homme supérieur pour savoir aimer! C'est aussi une erreur monstrueuse de croire que les grandes passions soient la fatalité des âmes faibles. L'amour n'est ni une infirmité ni une faculté surnaturelle...

— Tu as raison, dit Laure en l'interrompant, l'amour, c'est le vrai! Il suffit de n'avoir ni le cœur souillé ni l'esprit faussé, pour savoir que c'est la loi la plus humaine, parce que c'est la plus divine.

Ils rentrèrent de bonne heure à Mauzères pour y recevoir le baron, dont ils attendaient la visite. Le baron n'avait pas réalisé ses rêves de gloire et de fortune à l'Opéra, mais il avait reçu une mission archéologique pour explorer l'Asie-Mineure et une partie de l'Egypte, et il venait de la remplir d'une manière assez brillante. Il était donc tout rajeuni et tout radieux, et il passa l'automne avec ses deux amis, avant d'entreprendre de nouvelles conquêtes sur l'antiquité.

Laure tenta, par tous les moyens, de ramener à elle sa belle-mère. La marquise fut implacable et prédit à l'heureuse compagne d'Adriani une vie d'abandon, de désordre et de honte. Un comédien ne pouvait être honnête et fidèle. Il ruinerait sa femme et déshonorerait ses enfants. Je ne sais pas si elle ne fit pas un peu entrevoir l'échafaud en perspective. Cependant elle fit une grave maladie et envoya son pardon. Elle se rétablit rapidement et le révoqua. Les infirmités l'adouciront peut-être.

Toinette considérée en Provence comme une infâme entremêleuse, passa avec raison, en Languedoc, pour une excellente femme. Elle est traitée par les deux époux comme une inséparable amie.

Comtois continue à être fort sujet aux

maux de dents; mais l'admission de sa famille dans la maison de son maître l'a réconcillé avec l'air vif du Vivarais. Il continue à tenir son journal et l'enrichit de réflexions intéressantes sur la musique, sujet où il est devenu si compétent que personne n'ose ouvrir la bouche devant lui, pas même Adriani, qui redoute beaucoup ses dissertations en tout genre, mais qui l'a rendu fort heureux en lui donnant de la copie à faire.

Comtois n'avait jamais perdu l'habitude d'enrégistrer, à son point de vue, les moindres actions de son maître. Pendant trois ans il l'avait désigné sous le titre amical de *mon artiste*. Mais du jour où Adriani rentra comme châtelain dans son domaine de Mauzères, Comtois se remit à écrire respectueusement : *Monsieur.*

FIN D'ADRIANI.

Fontainebleau, imp. de E. JACQUIN.

Ouvrages d'Eugène Sue.

La Famille Jouffroy.	7 vol.
Mémoires d'un mari	4 vol.
Fernand Duplessis.	6 vol.
Gilbert et Gilberte	7 vol.
La marquise d'Alfi	2 vol.
L'Institutrice	4 vol.
Les Enfants de l'Amour	4 vol.

Ouvrages d'Alexandre Dumas.

Les Mohicans de Paris	2 vol.
Catherine Blum	2 vol.
Vie et aventures de la princesse de Monaco	5 vol.
El Salteador	5 vol.
Souvenirs de 1830 à 1842	4 vol.
Un Gilblas en Californie	2 vol.
Les Drames de la Mer	2 vol.
Le Pasteur d'Ashbourn	8 vol.
Conscience	5 vol.
Olympe de Clèves	9 vol.
La Comtesse de Charny	16 vol.
Le Trou de l'Enfer	4 vol.
Dieu dispose	6 vol.
La Femme au collier de velours	2 vol.
Histoire d'une colombe	2 vol.
Ange Pitou	8 vol.
Le Collier de la reine	11 vol.
Le Véloce	4 vol.
Mariages du père Olifus	5 vol.
Les mille et un fantômes	2 vol.
La Régence	2 vol.
Louis XV	5 vol.
Louis XVI	5 vol.
La comtesse de Salisbury	6 vol.

Fontainebleau, imp. de E. Jacquin.

www.ingramcontent.com/pod-product-compliance
Lightning Source LLC
Chambersburg PA
CBHW060633170426
43199CB00012B/1542